U0657365

了如指掌

本·卡森的故事

恩赐妙手

[美] 本·卡森
[美] 塞西尔·墨菲／著
[美] 黄陈怡文等／译

作家出版社

译者名单

黄陈怡文	郑晓佳
黄睿翔	单濂涛
周天韵	张箐松
王立京	李王希
张祎凡	丁逸廷
马晨曦	

得知我的故事《恩赐妙手——本·卡森的故事》将被译成中文，并于下个月在中国出版，对此我无比兴奋。上帝创造了世间万物，并将他的爱撒向愿意接受它的每个人。人类的智力潜能无限，和谐共处的潜能同样巨大。每个人都是一份特殊的礼物，不仅能改变自己的生活，还能影响周围的人。

——本·卡森

（作者为中文版的出版于facebook上的回复）

谨以此书献给我的妈妈索妮娅·卡森
为了成就我和哥哥
她几乎牺牲了自己的生活

缘起·代序

《恩赐妙手——本·卡森的故事》中文版与读者见面了，这真是一件令人欣慰的事情，因为这本书不论是作者，还是译者都有一段故事，很有意义，也很有意思。

出版的缘起是因为和黄陈怡文老师———一位美籍华人教育专家，同时也是养育了4个孩子的优秀母亲，我们一起聊起励志图书的时候，她告诉我们，她的小儿子读了一本传记后立志要当医生。我们很好奇，这是一本怎样的书能让一个13岁的孩子有了这样的志向。

于是我们就去关注了解本·卡森其人。这的确是一位传奇人物，他被美国国会图书馆评为活着的美国传奇人物之一。为什么这么说呢，本·卡森的成长经历就是一部传奇——一个出身于贫民区中单亲家庭的黑人孩子，他的母亲近乎文盲，家境贫寒，而且他本人直到小学五年级还是学渣，被同学嘲笑。同时，他脾气暴躁，有攻击倾向。就是这样一个孩子，在母亲坚持的爱和不懈的教导下，在自己的觉悟和努力下以优异的成绩取得了耶鲁大学心理学学位，随后在密歇根大学医学院进一步深造，33岁成为约翰·霍普金斯医院小儿神经外科主任。他后来成功地完成了分离脑连体双胞胎手术，誉满天下。由于他对儿童不懈的奉献和许多重大医学成就，他获得了超过50个荣誉博士学位。

成名之后，本·卡森一直致力于公益事业，他设立的基金为6000多名有志于服务社区的优秀学生提供大学奖学金。他投资85万美元创立本·卡森阅读工程，在全国建立并管理88个阅览室。他获得了美国平民的最高荣誉——总统自由勋章。2009年，此书的同名传记电影（国内也有翻译为《妙手仁心——本·卡森的故事》）在美国上映。本·卡森一度还作为候选人参加了2016年美国总统大选。

传奇的妈妈和孩子，《恩赐妙手——本·卡森的故事》这本书传递的不是鸡汤，不是成功术，而是不焦虑、不浮躁，坚持爱和努力的正向能量，于是我们当时就想，这是一本好书，我们要把它引进来。

同时，我们和怡文老师商量，可不可以用更深入的一种方式让孩子们去了解和感受——激励孩子们一同成为这本励志故事的翻译者。因为这些孩子才是这本书最重要的读者，没有什么是比实践和亲历更好的学习。于是，黄陈怡文老师联系了美国的加州汇点中学（California Crosspoint HighSchool，简称CCHS），并作为本书翻译项目总负责人，在她和另一位中英文能力兼备的CCHS华裔老师郑晓佳的带领和指导下，由9名目前正在美国留学的高中学生以及他们的华裔同学组成了翻译团队，历时3个月，将《恩赐妙手——本·卡森的故事》中文版带到了中国读者的面前。这可以说是出版界的第一次。

在这个翻译过程中，这些十五六岁的高中留学生，在两位老师的指导和带领下不但要挑战艰深的医学名词、美国俚语，以及深层文化内容的理解翻译，还要学习在一个团队中的合作与协作，他们成功了！这样的学习不只是加速中英文语言能力的成长，更重要的是学生们学会了怎样去学习、工作和与他人合作。同时，了解了——知识可以赢得尊严和财富。怡文老师的两个小儿子还自己查阅资料，为此书的中国读者写了《在美国怎样成为一名神经外科医生》的背景说明。这些都是多么好的教与学！

这个翻译成书的过程，不仅仅只是一项出版的工作，应该说是一次和卡森成功分离那对连脑双胞胎手术一样是一个团队的创作，也是一个成功的教育实践。在这当中，不论是黄陈怡文、郑晓佳两位指导老师，还是我们国内一位富有翻译、出版经验的赵晓冬老师，都付出了大量的心血，他们组织、指导、审校……所有的付出都是无私的，只是为了这样一本好书和孩子们的成长。他们的智慧和努力是本书出版翻译的保证。而这也是用实践来印证了这本书所展现和提倡的精神——坚持去爱。

令人欣喜的是作者本·卡森本人得知中文版出版的消息后，在facebook上回复道：

得知我的故事《恩赐妙手——本·卡森的故事》将被译成中文，并于下个月在中国出版，对此我无比兴奋。上帝创造了世间万物，并将他的爱撒向愿意接受它的每个人。人类的智力潜能无限，和谐共处的潜能同样巨大。每个人都是一份特殊的礼物，不仅能改变自己的生活，还能影响周围的人。

我们深切赞同怡文老师在《译后记》中所说——

我相信这个世界的未来将属于中英文都精通的人们，沟通不仅仅是字面的翻译，而是能够深入文化层面的翻译。

本书出版之际，这些孩子们都在大洋彼岸以自己的努力去追寻梦想，他们这一代人的目光和舞台是世界的，他们会比我们飞得更高更远！

感谢为此书付出努力和心血的所有人，感谢作家出版社。

编者

2016年7月

目　录

掌舵人生：索妮娅·卡森的一封信

亲爱的读者：

　　作为本和他哥哥科蒂斯的母亲，我经历过无数的挑战。我是我们家24个小孩中的一员，13岁结婚，后因发现丈夫重婚而离婚。所有这些仅是那些挑战中很小的一部分。尽管当时我自己并没有发觉，在我人生道路的每一步，上帝都帮助了我。

　　幸运的是，我可以看到在福利院长大的人们的遭遇，决心尽我的一切努力使我的孩子们得以幸免。为了他们，我同时做几份工作，为的是能够让我们有住的地方和吃的东西。当别人家去电影院或者游乐园的时候，我和孩子们会去附近的农场摘草莓或者其他的农作物，和农夫谈好，每摘到4个蒲式耳①，其中一个蒲式耳归我们。回家之后，我把这些农作物全部做成罐头以便过冬。

　　我常常引用梅米·怀特·米勒写的一首诗《莫怨别人》，在艰难的时候来勉励我的儿子们。特别是其中的一句："自己的船自己掌舵。"

①　蒲式耳：一种计量单位。在美国，一蒲式耳相当于35.238升。——译注

如果事情不顺利——
让你感觉尴尬，
经常你会发现，
你不能怨别人……
恶念一起，
厄运随之降临，
我们为什么要责备其他人呢？
我们只能够责怪我们自己……

无论在我们身上发生了什么事，
我们会说：
"如果当初不是如此这般，
那么事情便完全不同。"

如果你朋友很少的话，
我来告诉你该怎么做——
来一次自我反省，
你会发现自己的过错……

自己的船自己掌舵，
所以——
如果你船沉了的话，
莫怨别人。

在你经历人生的过程中，请牢记这首诗。你所遭遇的一切，干系最大的那个人正是你自己！路是你自己选的，逆境中，是放弃，或者是赌上一把，由你自己决定。最终，依法行事，达成所愿。成功与否，关键还是在于你的决定。"自己的船自己掌舵"如果你没有成功，莫怨别人。

索妮娅·卡森

楔 子

"助理，再取点血来！"

这个语气平静的指令打破了手术室的安静。已经给那对双胞胎输了50盎司的血了，但是他们依然流血不止。

"这个血型的血没有了！"有人回复道，"已经全部用完了！"

这个情况给手术室带来了无声的恐慌。约翰·霍普金斯医院血库里，每盎司的阴性AB型血都已经用尽。然而这对从离开母体时，后脑勺就连在一起的7个月大的连体双胞胎，需要更多的血来维持他们的生命，否则他们很可能会在手术结束前死去。这是他们最后的，也是唯一的能够像正常人一样活下去的机会。

他们的母亲，特雷莎·班德，寻遍整个医学界，只有一个医生团队愿意试图来分离这对连体双胞胎并使他们存活。其他脑科医生都告诉她这是不可能的，一定要牺牲其中一个，只能有一个孩子存活。让她放弃两个孩子中的一个？特雷莎连这个想法都无法承受。虽然他们的头部是连在一起的，只有7个月大，他们都已经拥有自己独立的性格！一个孩子玩耍的时候，另一个会睡觉或者吃东西。不，妈妈绝不忍心让任何一个孩子死去！经过几个月的查询，她找到了约翰·霍普金斯的医疗团队。这支70人的医疗团队中的许多人得知这个手术的急迫性后，都纷纷表示愿意为这对连体婴儿献血。

这对幼小的患者历经了疲劳、沉闷和痛苦，医生们考虑到了手术中一切可能发生的意外，手术的最初17个小时进展顺利。因为这对连体婴儿脑部血管是共享的，对他们实施麻醉本该是一个复杂的过程，但是麻醉过程历时不长，且很成功。准备心血管分流手术没有超出医生们的预计（这是经过了5个月的策划和多次模拟演练的成果）。找到两个孩子的血管结合部对于这些老练而又年轻的神经外科医生也不算太难。但是，由于心血管分流，血液无法凝固，所以在婴儿脑袋里能流血的地方都在流血！

幸运的是，在很短的时间里，城市血液中心找到了足够的血液来完成这个手术。这些外科医生使出浑身解数，用尽他们所有的能力和技术，在几个小时内成功地止住流血。手术依旧在进行着……终于，整形外科医生缝上伤口。这个长达22个小时的手术结束了！这对连体婴儿——帕特里克和本杰明在他们的人生中第一次分开了！

精疲力竭的主刀医生走下手术台，这个脑外科手术的方案正是他提出的，他，一个在底特律街头长大的穷孩子。

第一章 再见，爸爸

"以后，你爸爸再也不会和我们一起生活了。"

"为什么？"我强忍着泪水，再一次问道。我无法接受妈妈的话。

"我爱爸爸！"

"本尼，他也爱你……但是他必须永远地离开。"

"但是为什么？我不要他走。我想让他在这里陪着我们。"

"他得走！"

"我做了什么让他想离开我们的事吗？"

"哦，没有，绝对没有。你爸爸爱你。"

我泪如泉涌，"那么就让他回来。"

"我不能，我做不到。"她用力地抱住我，想要安慰我，让我停止哭泣。渐渐地，我停止了啜泣，平静了下来。但是她一松开手，我就又开始问问题。

"你爸爸他……"妈妈停住了。虽然那时我非常小，但我还是知道妈妈想找一个词来让我明白那些我不想听的事。

"本尼，你爸爸他做了一些不好的事。非常不好的事。"

我用手盖住了我的眼睛，"那你可以原谅他，让他留下。"

"原谅他是不够的，本尼。"

"但是我想让他留在这里陪着科蒂斯、我，还有你。"

妈妈再一次尝试向我解释为什么爸爸会走，但是对于8岁的我来说，她的解释并没有让我明白太多。回想那时，我就是想不明白爸爸离开的理由。就算我能隐约明白一点，但都不想接受。我当时悲痛欲绝，因为妈妈说爸爸再也不会回家了。我爱他。

父亲是一个感情真挚的人。他经常出门在外，但是当他回家时，就会把我抱在他的膝盖上，无论何时，只要我想，他都很乐意陪我玩。他对我很宽容。我特别喜欢玩他两只大手背上的血管，因为它们非常粗。我把它们按下去，再看着它们鼓起来。"看！它们又鼓起来了！"我笑着说，我的小手用尽一切办法把他的血管压下去。爸爸只会安静地坐着，让我想玩多久就玩多久。

有时他会说："我想你的力气还不够大。"我就更用力地按。当然，这并没有什么用。然后，我的兴致一扫而空，就去玩别的东西了。就算妈妈说爸爸做了一些坏事，我都无法想象爸爸是个坏人，因为他一直对我和哥哥科蒂斯很好。有时，他会在没有特殊原因的情况下给我们买礼物。"我觉得你们会喜欢。"他随口说着，黑色眼睛中闪过一道光。

许多个下午，我都会缠着妈妈闹，或者盯着时钟看，到了爸爸下班回家的时间，我会冲到外面去等他。一直看到他沿着那条小巷走回来。"爸爸！爸爸！"我大喊，然后跑过去找他。他会一把将我抱到怀里，然后把我抱回家。

一切都停在了1959年，就是我8岁的那年，爸爸永远地离开了家。对于一颗幼小的受伤的心，未来破灭了。我无法想象没有爸爸的生活，我也不知道我和我10岁的哥哥科蒂斯是否还能再见到他。

* * * *

爸爸离开那天，我不记得自己哭了多久，问了多久，我只知道，那是我生命中最伤心的一天。而且我的问题没有随着眼泪的停止而停下来。接下来的几周里，我用尽一切我能想到的论据去说服妈妈，去让她把爸爸找回来。

"没有爸爸，我们怎么过日子？"

"你为什么不让他留下？"

"他会变好的。我知道他会的。去问问爸爸。他以后不会再做坏事情了。"

我的恳求并没有改变什么。我的父母在告诉我和科蒂斯之前，已经谈定了所有的事情。

"妈妈和爸爸就应该在一起，"我坚称道，"他们都应该和他们的小男孩们在一起。"

"是的，本尼，但有时就是行不通。"

"为什么不可以？"我说。我回想了所有父亲和我们一起做的事。比如，在大多数星期日，爸爸都会开车带我们出去。我们一般都会去拜访别人，特别是有一家，我们经常去。爸爸会去和大人们谈话，我和哥哥会与其他孩子们玩耍。不久后，我们便知道了真相，爸爸有另一个"妻子"，而且还有我们不知道的，他的其他孩子。

我不知道我妈妈是怎么知道爸爸的重婚生活的，她从没有让这些问题成为我和科蒂斯的负担。现在，作为一个成人，我只是觉得母亲不该为了保护我们，就不让我们知道事情有多么恶劣。她不让我们知道她所受的伤害有多严重。但在当时，那就是母亲保护我们的方式，她认为她这样做是正确的。许多年后，我终于明白了她所说的他的"婚外情和毒品"。

早在妈妈发现爸爸有另一个家之前，我就察觉到了父母之间的关系不太对。爸爸不和妈妈吵，而是就这么走了。他离开的次数越来越多，在外面待的时间也越来越长，但我从不知道为什么。

然而，当妈妈告诉我"你爸爸不会再回来了"的时候，这些话伤透了我的心。

我没有告诉妈妈，但是每晚我睡觉前，我都会祈祷："亲爱的主，请帮助爸爸和妈妈重新在一起。"在我的心中，我始终相信上帝会帮助我父母和好，我们会是一个幸福的家庭。我不想让他们分开，我无法想象在今后没有爸爸的日子里，我该如何面对。

然而，爸爸再也没有回过家。

日子一天天过去，我渐渐发觉没有爸爸我们也能过。那段日子我们变得更穷，我能察觉到母亲的担忧，尽管她很少向我和科蒂斯说起。随着我的心智日渐成熟，11岁那年，我发现没有父亲在家的日子里，其实我们三个生活得更开心。我们相处和睦，家里再也没有那死气沉沉的气氛。我再也不用因为爸爸妈妈谁也不理谁而蜷缩在自己房间里害怕。

从那时起，我不再为他们重新在一起而祈祷了。

"他们还是分开比较好，"我对科蒂斯说，"不是吗？"

"我想是的。"他回答。和妈妈一样，他不会对我说太多他自己的感受。但是我知道，尽管不情愿，他也明白：没有爸爸，我们的生活状况反而更好。

我试着回想爸爸离开之后那几天的感受，我不觉得自己有过愤怒和怨恨。我妈妈说，那段经历让我和科蒂斯很痛苦。毫无疑问，他的离开对我们哥儿俩来说是一个糟糕的改变。迄今为止，我的记忆也只有他刚离开的那一点点。

我学会了用忘却来平复心中的伤痛。

* * * *

"我们只是没有钱，本尼。"

在爸爸离开后的数月中，这句话我和科蒂斯听了得有上百遍，当然，这是真的。当我们像以前一样要糖和玩具时，我们很快就学会了从妈妈的脸色上看出她拒绝我们时的痛苦。过了一些时候，我们便不再去要那些我们不可能拿到的东西了。

曾经有几次，一丝怨恨划过妈妈的脸。她却让自己平静下来，然后向我们解释说，爸爸爱我们，但是他不会再给她钱来抚养我们。我模糊地记得，妈妈去过几次法院要求爸爸支付子女抚养费。之后一两个月，爸爸会寄些钱来——但从来没有寄足数——而且他经常有合法的借口。"我这回没法把全部给你，"他说，"但是我会补上的，我保证。"

爸爸从来没有补上过。过了一阵，妈妈也不再尝试从他那里得到经济上的援助了。

我意识到爸爸不给妈妈钱的事情让我们的生活变得更艰难。然而，对于曾经的慈父，我幼小的心灵并没有因此而责怪他。但是与此同时，我还是不明白，父亲怎么会又爱我们，又不想给我们钱去买食物呢。

妈妈很少责怪爸爸，至少没有对我们说，或是让我们听见。我几乎想不起妈妈什么时候说过爸爸的坏话。这准是我没有对爸爸怀恨在心的原因之一。

更重要的是，妈妈让我们三个人的生活过得十分有保障。很长时间，我在想念爸爸的同时，对我们三个人一起生活的日子感到满足，因为我们实在是一个幸福的家庭。

我妈妈几乎没有受过任何教育，从小在一个多子女家庭里长大，一生命运坎坷。但是她实现了她生命中的奇迹，并且帮助我们兄弟实现了我们的奇迹。无论我遇上了多坏的事情，我都能听到她的声音："本尼，我们会好起来的。"这些话不是空话，因为妈妈相信。因为她相信，我和科蒂斯也相信。这信念给我带来安慰和保障。

妈妈的一部分力量是来自对上帝坚定的信仰以及她可以激励我和科蒂斯的天赋，让我们认识到她的言行一致。我们知道我们不富有，但是就算再糟糕的事情发生在我们头上，我们也不会为吃什么、住哪里而去发愁。

我们在没有爸爸的情况下成长，让妈妈背上了沉重的包袱。她从没有抱怨——至少没有向我们抱怨。她也没有为她自己感到难过。她试着扛起全部的重担，渐渐地，我明白了她在干什么。无论她要出门工作多少个小时，我都知道，她做这一切是为了我们。她的这些奉献与牺牲对我的成长产生了很大的影响。

林肯曾经说过："我一切的成就和我一切的梦想，都源于我的母亲。"我不确定我想说的和这一样。但是我妈妈——索妮娅·卡森，是我生命中最早的，最强大的，也是最重要的力量。

没有我母亲对我的影响，就没有我今天的成就。对我来说，我的故事要从她开始。

第二章　生命中最强大的力量——妈妈

"他们不能这样对待我儿子！" 妈妈瞪着科蒂斯给她的纸说。"不，先生，他们不可以这样对你。" 纸上的字妈妈认不全，科蒂斯必须给她读出一些单词，但是她十分明白学校辅导员做了什么。

"你要做什么，妈妈？" 我惊奇地问她。当校方作出决定后，我从未见过任何人能改变。

"我早上就去学校，解决这件事。"她说。我从她的语气中知道妈妈一定会这样做的。

科蒂斯，比我大两岁的兄长，在他上初中的时候，学校辅导员决定让他去上职业课程。一年来，他的一度低迷的成绩进步得很快，也很乐观，但是他上了一所白人占主导地位的学校。妈妈相信辅导员还按着"黑人不适合上大学"这样的旧思维去办事。

当然，他们会面时我不在场，但是妈妈那天晚上和我们讲的事我现在还是记忆犹新。"我和那个女辅导员讲，我儿子科蒂斯会去上大学，我不想让他上任何职业课程。" 然后，她就把手放在我哥哥的头上，"科蒂斯，你现在已经是大学预科中的一员了。"

这个故事说明了我妈妈的性格。她不是那种让成规来决定她生活的人。她很清楚我们两个男孩将来应该是什么样子。

我妈妈是一个有魅力的女人，她五英尺三英寸高，很苗条，尽管在我小时候妈妈的体形中等偏胖。如今她患有关节炎和心脏病，但差不多还像从前那样敏捷。

索妮娅·卡森的性格是典型的A型性格——发奋图强、目标明确，在任何情况下都会尽己所能，不满足于现状。她是一个十分聪慧的女人，无须追寻细节，便能迅速地掌握事情的全部来龙去脉。妈妈有直觉的天赋——这让她能够认识到自己要做什么。这应该是妈妈最显著的性格特点了。

妈妈的性格是坚定的，或许是强迫性的，对自己的要求很高，这种性格影响了我。我不想把我妈妈描绘得那么完美，因为她也只是个人。有段时间，我不求上进，这是她不允许的，她便会不停地唠叨、苛求，甚至无情地对待我。当她相信一件事的时候，她便会坚持不懈。我不是很爱听她说"你不是一个天生的失败者，本尼，你能做到的"，和她最爱说的"你只要去问上帝就可以了，他会帮助你"。

作为孩子的我们，有时并不愿意听她给我们讲道理，或是听她劝。但我们的叛逆和不受管束都没让妈妈放弃我们。

在那段岁月里，妈妈不断地鼓励我们，科蒂斯和我都开始相信：我们真的能做任何我们想做的事。也许她给我们洗脑了，让我们相信，无论我们做什么，都能做得出众。直到现在，我都能清楚地听见她在我身后说："本尼，你能做到的。你永远都不要怀疑这一点，哪怕是一秒也不行。"

妈妈结婚时，她的文化程度只有小学3年级，但是在我们家中，她是一股强劲的力量。她鼓动我闲散的爸爸做了很多事。主要是因为她节俭的观念，他们省下了很多钱，最终买下了我们第一栋房子。我想，若是一直按照妈妈的路子走下去，他们在经济上会很富裕。我确定，她完全没有料到在之后的几年中她要面对贫穷与艰难的日子。

与妈妈相反，我那六英尺两英寸高、身材清瘦的父亲常说："无论何时你都不要穿着落伍，本尼，穿自己想穿的衣服。"他注重着装和财产，他也喜欢被人围绕着。"要对他人友善，要看重他们，如果你对他们友善，他们也会喜欢你。" 回想他说的这些话，我觉得他很想做一个让所有人都喜欢的人。如果有人让我描述爸爸，我会说："他是个好人。" 我今天仍然这么觉得，尽管之后他的身上出现了种种问题。

我爸爸想让我们穿着花哨的衣服去做有男子汉气概的事情，比如泡妞。他的这种生活方式对我们的学业很不利。我现在很感谢妈妈带我们脱离了那种环境。

论智慧，我爸爸不能轻松地掌控一个复杂的问题，因为他会在细节上较劲，不能纵观全局。这可能就是我父母之间最大的区别了。

我父母都是在子女众多的家庭里长大的：我妈妈有23个兄弟姐妹，而我爸爸有13个。他们结婚的时候，爸爸28岁，妈妈13

岁。许多年后，妈妈说出了真相，她那时其实是为了想办法离开那个令人绝望的家才结婚的。

婚后不久，他们便随着20世纪40年代末到50年代初的劳工人流，从田纳西州的查特努加搬到了底特律。人们从南方的乡村迁移到北方来寻找收入多的工厂工作。我爸爸在凯迪拉克的车间找到了一份工作。据我所知，这是他的第一个职业，也是唯一的一个职业。他一直在凯迪拉克工作，直到他在70年代末退休。

父亲也曾在一个小型浸信会做牧师。我一直都没闹明白，他到底是不是真的被授予了神职。他只带我去听过一次他的布道——或许，我只能想起这一次了。爸爸不是电视中的那种慷慨激昂的传道者。他讲起道来十分平静，尽管他偶尔会提高音量，但是他的讲道还是显得十分低调，观众也没有被带动起来。他讲道并不流畅，但是他尽力了。我现在脑海中还能浮现出在那个特别的星期天爸爸的样子——他站在我们面前，又高又帅，胸前的大金属十字架在阳光的照射下闪烁着。

* * * *

"我要出去几天，"妈妈在爸爸离开我们几个月后和我们说，"我要去走访几个亲戚。"

"我们也要去吗？"我好奇地问道。

"不，我一个人去，"她的声音异常平静，"还有，你们俩不能不去上学。"

我还没来得及反对，她就告诉我，我们可以住在邻居家。"我已经为你们安排好了。在我回来之前，你们可以在他们那里吃饭、住宿。"

也许那时我应该想一想她为什么要走，但是我没有。要住在别人的家里了，这意味着我会有更好的待遇，更好的食物，还能和邻居家的孩子一起开心玩耍。所有这些，让我很兴奋。

第一次以及接下来的几次，都是这样的，妈妈告诉我们她要离开几天，邻居会照顾我们。因为她都十分细心地安排她的朋友照顾我们，所以每次妈妈离开的时候，我们都很兴奋，而不是害怕。我们对妈妈的爱深信不疑，我从没想过她会不回来。

这可能看似奇怪，但它却是我们信赖这个家的见证。一直到我成年，我才知道妈妈在"探亲"的时候去了哪里。当她身上的担子太重时，她就会去精神病院。分居和离婚使她陷入非常困惑和忧虑的精神状态。我认为她内心中的力量帮助她认识到她需要专业的治疗，并且给了她勇气去寻求帮助。通常她每次会离开几周的时间。

关于她接受精神病治疗一事，我们从来没有起过半点疑心。这也是她想要的。

渐渐地，妈妈从精神上的重负中走了出来，但是她的朋友和邻居还是很难把她看作一个健康的人。我们孩子永远不知道，也不会知道这对她的伤害有多深，邻居们纷纷议论她去精神病院接受治疗这件事，她离婚的事也导致更多的议论。这两件事在当时都成了她身上严重的污点。妈妈不仅要持家，维持生计，还要在她最需要朋友的时候遭受朋友的背离。

因为妈妈从来不和别人细说她离婚的事，人们就从最坏的角度去揣测，编造和传播对她很不利的谣言。

"我决定了我要去做我自己的事，"一次，妈妈和我说，"不去管别人怎么说。" 她做到了，但是这并不简单。我不敢想象她一个人忍受了多少寂寞，多少伤痛。

最后，她失去了所有经济来源。妈妈知道她不能再维持住在我们房子里的开销了。这房子是她离婚协议的一部分。妈妈用了几个月的时间将房子归入自己名下后，把房子租了出去。我们收拾好行李搬走。这是离婚后爸爸几次露面中的一次，他开车把我们送到了波士顿。妈妈的姐姐琼·艾弗里和她的丈夫威廉，收留了我们。

我们和艾弗里一家一起，住进了波士顿的廉租房。他们的孩子已经长大了，对我们小哥儿俩很疼爱，像父母那样爱我们。这对需要爱和同情的我们来说，就是雪中送炭。

在我们家搬到波士顿的一年后，妈妈仍在接受精神病治疗。她一般每次要去三或四周。她不在时，我们很想念她，但是威廉姨丈和琼姨妈在她离开时特别关心我们，让我们都喜欢上了这种偶尔发生的事情。

艾弗里一家不断地跟科蒂斯和我保证："你妈妈没事的。"每次在接到妈妈的来信或电话后，他们都会告诉我们："她过几天就会回来了。"他们把事情隐瞒得很好，让我们一直不知道妈妈遇到了多大的困难。这也是意志坚强的索妮娅·卡森所希望的。

第三章　8岁那年——我梦想当一名医生

"老鼠！"我大喊道，"嘿！科特，快看那里，我看到老鼠了！"我害怕地指着我们家房子后面一大片长有野草的地方，"他们比猫还大！"

"没有那么大，"科蒂斯回击道，他试着让自己的话听起来更成熟一些，"但是它们看上去确实很恶心。"

离开底特律，来到波士顿的廉租房，对我们来说，一切是那样的不习惯。妈妈想尽办法，也不能阻止蟑螂的大军迅速地在房间里穿梭。更让我害怕的是那一大群爬来爬去的大老鼠，尽管它们从来没有靠近过我。多数情况下，它们生活在屋子外面的杂草或者一大堆垃圾里。但是偶尔它们也会蹿入我们房子的地下室里，尤其是天气寒冷的时候。

"我绝不会自己一个人下去的！"我不止一次坚定地说。我不敢一个人下到地下室里面去。除非科蒂斯或者威廉姨丈和我一起去，否则我是绝对不会妥协的。

有时蛇会从杂草里爬出来，一直爬到人行道上。有一次，一条大蛇爬进了我们家的地下室里，有人弄死了它。之后的几天里，我们几个孩子一直都在讨论有关蛇的话题。

"你知道吗，去年有一条蛇闯进我家后面的几栋楼，然后咬死了四个熟睡中的小孩。"我的一个同学说道。

"它们会把你给吃了！"另一个同学肯定地说。

"不，它们不会这么做，"第一个小孩嘲笑着说，"它们只是蜇了你一下，然后你就会死掉。"接着他又讲了另外一个人被蛇咬死的故事。

当然，这些故事不是真的。但是听多了，就会印在脑子里，让人害怕，因此我也总是对蛇小心提防。

总是会有许多露宿酒鬼在这附近徘徊，我们也已经习惯了破碎的酒瓶、大量的垃圾、残破的建筑和大街上狂飙的汽车，也很快适应了这种环境对我们生活的改变。几周之内，这一切对我们来说就变得完全正常了。甚至都没有人会说："嘿，这么过日子不正常啊。" 我认为，是家人的团聚，加上艾弗里一家的热心照顾，使我们对于波士顿的生活质量不太介怀。

当然，母亲也工作，不断地工作。她很少有空闲的时间，即使有，她也会把这些时间都花在我们兄弟俩身上，来弥补她不在家的缺憾。母亲开始为一些有钱的人整理房子、照顾小孩，做一些家务活。

一天晚上，当妈妈走进我们狭窄的公寓，我对她说："你看起来很累啊。"天已经黑了，在这一天里，妈妈已经做完了两份工作，但是收入都不高。

"我想是的。" 妈妈靠在沙发上边说边踢掉鞋子。她的笑容充满爱，"你们今天在学校都学了什么啊？"她问道。

无论妈妈有多累，只要下班的时候我们还没有睡，她就会问我们关于学校的事情。对我们的教育方面的关注，让我意识到她对我们的学习十分重视。

当我们搬到波士顿的时候，我还是一个只会偶尔考虑生活变化的8岁小孩。我也会自言自语："当个8岁的小孩真的是一件极好的事情，因为你不用负任何责任。每个人都会照顾你，你唯一需要做的事情就是好好玩，享受生活。"

但我也会说："生活不可能一直是这样的，所以我现在就要享受生活。"

除了父母的离婚，我童年中最快乐的时光在8岁那年到来了。首先，我过了一生中最华丽的一个圣诞节。科蒂斯和我先是来了一场非常过瘾的购物，然后我们的阿姨和姨丈给了我们超级多的玩具。而妈妈想要尽力地弥补我们失去的父亲的那一部分，也买了很多，比以前买过的所有玩具都多。

其中，我很喜欢的一件礼物是一辆1959年的别克车模型，车上还配有运动车轮。但是，我喜欢一套化学实验用品的程度甚至比这辆车都高。从来都没有任何一个玩具能像这套化学实验用品一样吸引着我。我数不清自己花了多少个小时坐在卧室里研究它的说明书，不停地做实验。我把石蕊试纸变得红蓝相间；我把不同的化学溶液变成奇怪的混合溶液，然后看着它们发生反应并发出"刺刺"的声音，转换颜色或者形成泡沫……觉得这一切妙不可言。当我创造的一些像臭鸡蛋一样，甚至更糟糕的气味弥漫整个公寓的时候，我就会大笑不止，直到笑岔了气。

其次，8岁那年，我有了人生中第一次宗教经历。我们是复临教派的。在一个星期六的早上，我们去底特律的伯恩斯大道教堂，听福特牧师讲道。

福特牧师是一个天生讲故事的高手，他给我们讲了一个故事：在一个偏远的乡下，一个传教士医生和他的妻子被一伙强盗追赶。他们利用大岩石和树惊心动魄地躲避着强盗们一次次的追击。终于，在一处悬崖边上停了下来，因为他们已经没有力气而且也没有地方可以跑了，他们陷入了走投无路的境地。正当他们叫天天不应，叫地地不灵的时候，突然发现在岩石上有一个小洞，它的大小刚好可以让这对夫妻藏在里面。他们刚藏好，那伙强盗就冲到了悬崖边上，但是并没有发现他们夫妻的踪影。这对夫妻就这么难以置信地消失在了他们的眼前。最后，他们只好悻悻地离去了。

这个故事是那么的生动，令我觉得身历其境，那个被追赶的人仿佛就是我自己。牧师并没有过分地演绎这个故事，但是我仍然深深地沉浸其中，好像那些邪恶的强盗正要抓我一样。在脑海中想象我正在被追赶，我的呼吸因为那对夫妻的恐惧、焦躁和绝望而变得越来越急促。最后，我为那对夫妻的安全而松了一口气。

福特牧师看向台下的听众们，"那对夫妻安全了，被保护了，"他对我们说道，"他们藏在了岩石的裂缝里，上帝会保护他们的安全。"

讲道结束后，我们开始唱圣诗。那天早上，牧师选择了《他将我的灵魂藏在岩缝之中》这首诗歌。他的祈祷围绕着这个传教士医生的故事展开，他也告诉了我们，我们需要躲藏在耶稣基督的"岩石裂缝"里，而且也只有耶稣基督的岩缝才能给我们真正的平安。

"如果我们信仰上帝，"他环视了信徒们一圈之后说道，"我们就会得到永恒的安定，在主耶稣基督那里得到平安。"

聆听他的讲道时，我的脑海中浮现出上帝看顾那服侍他的人的美好景象。在幻想和情感世界里，我觉得自己和那对夫妻一同经历了同样的故事，然后我想："这就是我要做的事情了——在岩缝中寻求庇护。"

尽管我那时仅仅8岁，但是这个决定却好像十分自然。其他像我一样年纪的孩子，有很多都已经去过教堂接受洗礼（一种用水净身的基督教仪式，施洗过后的人即是决心跟从耶稣基督的人了）。所以，当这些信息和音乐触动了我的心时，我回应了。依照传统，当福特牧师问我们有谁想要接受耶稣基督的时候，科蒂斯和我都走到了前面。几周之后，我们接受了洗礼。

基本上我是一个很好的孩子，几乎没有犯过什么原则上的大错，我也是第一次知道我的人生需要上帝的帮助。在之后的4年里，我也一直听从着教会的教诲。

那天早晨我为自己的人生树立了一个目标——我决定做一个医生，一个传教士医生。

教堂里的礼拜和我们的《圣经》课上经常会讲一些传教士医

生的故事，每一个关于在非洲和印度原始村庄里传教士行医的故事都迷住了我。在那些故事里，传教士医生们为病人们消除痛苦，送去快乐和健康。

"这就是我想做的事情了。"当我们一起走回家的时候，我这样对妈妈讲。"我想做一名医生，你觉得我能做一个医生吗，妈妈？"

"本尼，"她说道，"你听我说。"我们停了下来，妈妈注视着我的双眼。然后，她将双手放在我瘦弱的肩膀上，说道："如果你向上帝请求，并且相信他能做到，你的请求就会变成现实。"

"我相信我能做一个医生。"

"那么，本尼，你会成为一个医生的。"她十分肯定地说，然后我们又开始往前走。

在听过了妈妈的话之后，我就再也没有对我未来的职业有所质疑。

就像大多数孩子一样，我不知道成为一个医生需要做什么，但是我觉得，只要我在学校里好好学习，我就能成为一个医生。当我13岁的时候，我还不是很确定我到底要不要做一个传教士，但我很确定——我一定会从事和医学有关的职业。

1959年我们搬到波士顿，直到1961年家里的经济状况改善了，我们又搬回了底特律。底特律对我们来说就是家。母亲在脑海中有一个目标，她想回到底特律，要回到我们之前住的那所房子，即使那个目标在一开始的时候遥不可及。

那所房子大概是今天一般车库的大小，应该是一种二战后早期的预制板房。那整栋房子说不定都没有1000平方英尺大，但它的地理位置确实很好，人们把草坪修剪得很整齐，并以住在那里为荣。

"孩子们，你们等着，我们一定可以搬回戴肯街的房子的，也许我们现在住不起，但总有一天我们一定可以做到！在此之前，我们还是可以收它的租金的。"妈妈总是这么说，我可以从她的目光里看出她的决心，因此，我从没有怀疑过我们会搬回那个房子这件事。

我们搬到了一个多户型的房子里，与一个叫作德尔雷的区域隔着一条铁路。这是一个烟雾弥漫，火车轨道交错，汽车配件厂泛滥的工业区。我管这里叫作"高尚下层阶级"街区。

我们三个住在顶楼。母亲有的时候会同时接下两三份工作，在第一个地方照顾小孩，下一个工作又去打扫房屋。无论是什么样的工作，母亲都会说："我可以做的，即使我现在不会，但是我很快就可以学会。"

但是实际上没有别的什么适合她做的工作，因为她没有文凭也不会别的手艺。但是，她的确学会了很多基本的知识，因为她很聪明也很善于学习。工作时，她会很仔细地观察周围的一切。

她对人尤其感兴趣，因为她大多数的时间都在为有钱人帮佣。当她回家的时候，就会常常教育我和我的哥哥："这就是有财富的人做的事，这就是上层社会的人的行为。他们是这么想的。"她就这样把这些思想灌入了我们兄弟的脑海中。

"你们也可以做到。"她会这么笑着对我们说，然后再加上一句："你们甚至可以做得更好！"

但是这的确很奇怪，虽然母亲总是在我面前这么说，可我却并不是一个好学生，不，这么说也不确切，我不仅不是好学生，我还是整个希金斯小学5年级学生里最差的那个。

在底特律公立学校学习的那三年给了我很好的基础。当我们搬到波士顿的时候，我去读了4年级，科蒂斯比我高两届。我们转到了一所小的教会学校，因为母亲觉得跟公立学校比起来，在这里学习我们能接受更好的教育。但是不幸的是，事情并非像母亲所想象的那样。尽管我们的成绩都还可以，但是学校的要求不高，当我们又回到底特律的公立学校的时候，我震惊了。

在希金斯小学，白人处于主导地位，功课很难，那些同年级的学生们，他们在每门功课上都会排挤我。对于所发生的事情，我完全弄不明白，这确实让我十分震惊。毫无争议地，我的成绩在班级的最底层，更糟糕的是，我坚信若是回到波士顿，我的成绩一定会相当不错。

在班级中垫底就已经够伤人了，但是同学们的嘲笑和议论让我感觉更糟。每当考完试的时候，推测别人的成绩是所有小孩子都会做的。

有一个人说："我知道卡森考了多少分！"

"肯定是一个大零蛋！"另一个声音回应道。

"嘿，傻子，你觉得你这次能做对一道题吗？"

"卡森上次就做对了一个，你知道吗，他本来想故意写错，结果却蒙对了！"

我在自己的座位上坐着，装作听不见的样子。我想让他们知道，我完全不在乎他们说的话。其实，我在乎。他们的话十分伤人，但是我坚持不让自己哭出来或者跑开。当感到难过的时候，我用笑容掩盖。渐渐地，我接受了我是垫底的事实，我甚至觉得这就是我应该接受的。

所有人都认为我是个傻子，我毫无疑问地接受了这个观点。

即使没有人确切地告诉过我关于我是黑人的事，但是我可怜的成绩让我认为：白人小孩比黑人小孩聪明。我妥协了，接受了现实——事情就应当是这样的。

即使是现在回想起来，我也能感受到那件事对我造成的伤害。上学时最痛苦的经历在我五年级的一次数学测试之后发生了。像往常一样，我的老师威廉森太太让我们把试卷交给坐在后面的同学，然后她大声读出成绩，让后面的人改前面人的试卷，改完之后再交还给前面的人，然后威廉森太太叫到名字的人大声报出自己的成绩。

这次测试有30道题，那个改我卷子的女生是平时嘲笑我傻的人中带头的那一个。

威廉森太太开始叫名字，我坐在闷热的房间里，视线从这一边的告示牌滑到贴在窗户那面墙上的手工剪纸上。房间里充满了粉笔和孩子们身上的气味。我把头埋了下去，不敢去听，害怕听到她叫我的名字，但是这是不可避免的。

"本杰明！"威廉森太太正在等我报成绩。

我小声嘟囔着说出了自己的成绩。

"9分！"威廉森太太手中的笔掉了下去，她对着我笑，然后非常惊讶地说："喂，本杰明，真是太好了！"（对我来说，30道题中得9分就已经是超水平发挥了。）

在我意识到发生了什么之前，坐在我后面的女孩大声喊道："不是9分（nine）！"她偷笑道，"是0分（none）。他一道都没有做对！"她"咯咯"的笑声传遍了整个教室。

"够了！"老师严肃地说道，但是已经太晚了。女孩刺耳的笑声深深地伤了我的心，我从没有像那次一样感觉到我是如此愚蠢和孤独。差不多每次考试我都会做错所有的题已经是够糟了，但是当全班人，至少我觉得是全班人，都在嘲笑我的时候，我真恨不得挖个地缝钻进去。

眼泪在我双眼里弥漫，但是我拒绝流泪。我挤出了一个不在乎的笑容，然后盯着桌子，还有桌子上的那张0分卷子。我宁可死也不愿让他们知道我有多难受。

我可以确认一个黑人的生活是残酷的，所有的事情都在阻挠我。我可能一辈子就这么沉沦下去，但是5年级的另外两件事改变了我的整个世界。

第四章　我要尝尝当学霸的滋味

我一边摇头，一边说道："我不知道……我是说，我不确定。"这整件事情让我觉得我很蠢。毕竟，在我之前进行视力检查的男孩可以看清视力表上的每一个字母。但是我自己的视力却非常糟糕，甚至连视力表上的第一行也看不清。

护士只是对我说了一句："没关系的。"就又检查起下一个学生了。护士说话脆生生的："记住，读书的时候不要眯着眼。"

当我读五年级的第二学期时，学校强制让我们检查视力。

我眯起眼睛，使劲看，勉强可以看清第一行。

学校给我提供了免费的眼镜。当我去配眼镜时，验光师对我说："孩子，你的视力可是相当的差啊，你几乎是属于视障人士了。"

显然我的视力不断地下降，我都不知道自己的视力有这么差。第二天，我戴着新眼镜去学校，结果被惊呆了。坐在教室里最后一排，我第一次能够真切地看清黑板上的板书。在我从垫底差生向前进步的过程中，一共发生了两件事，戴眼镜是第一件。

视力得到矫正之后，我的成绩也立刻有了好转，即使没有进步很大，但至少找到了方向。

当期中成绩单发下来的时候，威廉森太太把我叫到一边，对我说道："本杰明，总体来说你的进步很大。"她的笑容让我觉得我还可以做得更好。我知道她想要鼓励我，使我进步。

我的数学成绩是D，但那也是一种进步的表现，至少我没有挂科。

看到及格的成绩让我感到十分开心。我想："我的数学得了D，我在进步，我还有希望，我不是学校里最蠢的孩子。"一个像我一样的垫底生，在上半年成绩突然提升，即使只是从F变成了D，这个改变给了我希望。这是我在进到希金斯学校之后，第一次知道我可以比别的同学考得更好。

但是妈妈并不乐意我设定这么低的一个目标。她对我说："这确实是个进步，而且你取得这样的成绩我也感到很骄傲，但是你不该取得这种成绩吗？你是很聪明的，本尼。"

尽管我为此感到兴奋，充满了希望，妈妈并不满意。看到我数学的进步以及听到威廉森太太对我的夸奖之后，妈妈开始强调："你目标不能仅仅是及格啊，你很聪明的，你的数学成绩可以在全班名列前茅的。"

"但是，妈妈，我没有挂科啊。"我喃喃地说着，觉得她并不赏识我的进步。

"好吧，本尼，你已经开始进步了，那就继续这样下去。"妈妈对我说道。

"我在努力，我在尽我的全力。"我回答道。

"但是你还可以做得更好，而且我会帮你的。"她的眼睛里闪着亮光。我应该知道她已经开始制订一个计划了。对我母亲来说，她不会只是对我说"好好干"，她会找到一个方法来让我知道怎么做得更好。她的计划是有效的，并成为促使我进步的第二个契机。

在期末成绩单发下来之前，她一直没有和我讨论成绩的问题。她之前一直觉得波士顿学校的学习能给我很好的基础，但是当她知道了我在希金斯初等学校的成绩有多差时，她开始每天都监督我的学习。

然而我的妈妈从来都不会问："你为什么不能像那些聪明的孩子一样呢？"她理解我。而且她也从来不让我感觉到她要拿我和其他的同学比较。她只是想让我努力做到最好。

她会说："我有两个聪明的孩子，两个超级聪明的孩子！"

我强调说："我会尽全力的！我的数学已经有进步了！"

一天晚上，她对我说："本尼，你会做得更好的，现在，既然你已经开始在数学上取得进步了，那就要坚持下去，按我说的办法做。你要做的第一件事就是把乘法口诀表背下来。"

"乘法口诀表？！"我大叫着。我不敢想象我要学这么多东西，"你知道这有多少东西吗？这要花一整年啊！"

她微微直了直腰，说道："我只上到3年级，我能从开头背到12乘12。"

"但是，妈妈，我不能——"

"你可以做到的，本尼，只要你注意力集中。你现在就开始记，等我明天下班回来就帮你一起复习，然后就一直帮你不停地复习，直到有一天你能记得比班上其他的人都好！"

我又稍稍争辩了两句，其实我知道争也没用。

"而且，"她要给我最后一击了——"从明天开始，除非你记住乘法口诀，否则放学之后就不能在外面玩了。"

我的眼泪几乎掉了下来。"看看这些东西吧！"我指着数学书后面的乘法口诀表，"怎么可能有人能全部记住这些？！"

有的时候，和母亲说话就像是对一块顽固的石头讲话。她咬紧牙关，声音也变得严厉："你不背会就别想出去玩！"

放学的时候，妈妈还没回家，但是我并不会违背她的话，在妈妈的教育下，我和科蒂斯都很听话。

我背诵着乘法口诀表，不停地重复记忆，直到它们凝固在我的脑海里。像她保证的那样，那天晚上妈妈和我再次复习了口诀表。她的坚持和不懈的鼓励给了我学习的动力。

熟记乘法口诀表之后，数学变得容易起来，我的成绩一路飙升。多数情况下，我的成绩能赶上班里的其他同学。我永远不会忘记一次测验中我回答正确时的感觉。

我重复喊几遍："24！我算对了！"

老师对我笑了笑，让我知道她对我的进步有多高兴。我没告诉其他的孩子我在家里发奋学习的事，也没告诉他们眼镜帮了我多大的忙，我认为他们根本就不关心这些。

变化来得很快，上学变成了一件令人愉快的事情。不再有人嘲笑我，或者叫我数学傻子了！但是妈妈没有让我止步于背诵乘法口诀。她向我证明——我能做好一件事。于是，她开始了我的"自我改进"方案的下一步，使我成为班里最好的孩子。目标是好的，我只是不太喜欢她的方法。

"我宣布，小伙子们，你们电视看得太多了。"一天晚上，电视节目刚放到一半，她突然就把电视给关了。

"我们没有看很多！"我告诉她，有些电视节目是关于教育的，班上所有的孩子都看电视，连那些最聪明的孩子都看。

她好像没有在听我说，直接宣布了新的规定。我不喜欢这个规定，但她决心要看到我们的进步——这改变了我的人生历程。

"从现在开始，你们一个星期最多只能看三个节目。"

"一星期？"想着所有那些我不得不错过的电视节目，我抗争。

虽然有意见，但我们知道，当她决定我们不能不受限制地看电视时，她是当真的。她也信任我们，我们都遵守家规，因为我们是好孩子。

虽然科蒂斯比我更叛逆，但他的功课比我好。然而，他的成绩并没有达到母亲的标准。好多个晚上母亲与科蒂斯谈心，帮助他改变对学习的态度，使他更有上进心，不要自暴自弃。在我们的面前并没有成功的榜样，甚至没有可以崇拜的成功男性。我认为科蒂斯因为年纪比我大，对这些比我更敏感。但无论给他做思想工作有多困难，妈妈都不会放弃。最终，凭着妈妈的爱、决心、鼓励和定下的规则，科蒂斯成了一个更加理性、更加自信的人。

妈妈规定，我们除了看电视之外，其他的空闲时间要好好利用。"你们都去图书馆查阅书籍。你们每周至少要读两本书，在每个周末你们要给我看你们的读书报告。"

这规则听起来不可能。两本书？除了那些在学校里不得不读的书之外，我这一辈子还从来没有完整地读过一本书，我简直不敢相信我们能在这短短的一周内读完一本书。

尽管如此，一两天之后，我和科蒂斯就开始从学校步行7个街区去公共图书馆。我们不断地抱怨，道路似乎无穷无尽。但母亲说的话，我们并没有违抗。因为，我们尊重她。我们知道她说的话是当真的，我们最好听话。不过最重要的——我们爱她。

"本尼，"她说了一遍又一遍，"如果你能读书，亲爱的，你可以学习任何你想知道的东西。对读书的人来说，世界的大门是敞开的。我的孩子们在生活中将会获得成功，因为你们会成为学校里最好的读者。"

仔细想想，我现在还是和我上小学5年级时一样，相信妈妈是当真的。她相信科蒂斯和我，她对我们有这样的信心，我们不敢失败！妈妈的信心促使我开始相信自己。

妈妈的几个朋友批评她太严格了。我听到一个妇女问："你对他们做了什么，让他们整天都在学习？他们会恨你的。"

"他们可以恨我，"她打断了女人的批评，"但他们必须要获得良好的教育！"

当然，我从来不恨她。我不喜欢压力，但她设法使我认识到刻苦学习是为我好。几乎每天，她都会说："本尼，你可以做任何你自己规划好的事情。"因为我一直很喜欢动物、自然和科学，去图书馆的时候我就选择了这些主题的图书。虽然我在五年级的时候传统学科学得不怎么样，但我对科学课很有兴趣。

科学老师杰克先生，了解我的兴趣，他鼓励我并让我帮助其他学生识别岩石、动物或者鱼。我学习鱼类的身体结构，因而能够分辨各种鱼类。在班里没有人有这样的本事，所以我有了让自己闪光的机会。

最初，我去图书馆查阅了有关动物和自然等主题的书籍。在所有五年级的学生中，我成了一个科学和自然方面的专家。到了年底，我可以随意捡起一块铁轨旁的石头并说出它的类别。我看了很多有关鱼和水生物的书，并开始研究各类昆虫。杰克先生有一个显微镜，我喜欢取来水样，研究镜头下的各种原生动物。

慢慢地，我所有的学校科目渐入佳境。我开始喜欢去图书馆了。那里的工作人员也认识我们兄弟了，他们会推荐给我们可能会喜欢的书，每次到新书的时候，他们也会通知我们。而我也因为这种新的生活得到了成长。很快，我就开始关注一些有关冒险和科学发现的书籍。

通过大量阅读，很自然地我的词汇增加了，阅读理解力也提高了。很快地我成了解数学应用题最好的学生。

直到5年级快结束的时候，如果不提数学考试的话，每周的单词拼写比赛就是我在学校做得最差的一部分了。我通常是第一个单词就拼错。但是到现在，虽然已经过了三十多年，我还记得那个让我开始对学习拼读感兴趣的单词。5年级的最后一周，我们举行了一次由威廉森太太出题的加长版英文拼写比赛，比赛中的词汇包括了这一年里所有我们应该学的词汇。就像所有人期待的那样，鲍比·法默尔赢得了这次比赛。但是出乎我意料的是，他拼对的最后一个单词是"agriculture"（农业）。

我能拼出那个单词！我激动地想。就在头一天去图书馆读书的时候我学会了这个单词。当优胜者坐下的时候，一种感觉源自我的内心——我感觉到了前所未有的渴望：我可以拼出"agriculture"，我打赌我可以学会世界上所有的单词，我打赌我会做得比鲍比更好！

想要比鲍比·法默尔的词汇量更大对我来说确实是一个巨大的挑战。毫无疑问地说，鲍比是5年级学生中最聪明的。在鲍比转学来到这个学校之前，有一个很出名的叫作斯蒂夫·科莫斯的同学曾经是最聪明的。在一次历史课上，鲍比给我留下了很深的印象，因为当老师说到"亚麻"时，整个班上的同学都不知道那是什么。

但是这个新来的学生鲍比却举起了手，并且给我们解释了这种植物的生长环境和生长过程，还解释了妇女们怎样把亚麻的纤维制成亚麻布。我听了之后想，他确实很了解亚麻，他确实很聪明。春日的阳光从窗户照射进来，在教室中的我忽然领悟——我可以通过阅读来学习有关亚麻的知识或者任何学科的知识。就像妈妈说的，学会了读书，就能学会一切。整个夏天我都在不停地读书。6年级开始的时候，我已经能很熟练地拼写出许多单词了，即使鲍比还是班里最聪明的学生，但是我已经追上了他的步伐。

当我的成绩开始在学校领先之后，我对当尖子生的渴望越来越强。有一天，我想：让每个人都认为我才是尖子生的感觉一定很棒吧。我告诉自己，想要尝尝当学霸的滋味，唯一的办法就是去做一个学霸。

我继续苦读，我的拼写、词汇量和对文章的理解都不断提高，我觉得课堂也变得有趣了。我的进步非常明显，所以进入威尔逊中学读7年级的时候，我已经是班上的前几名了。

但是当班上的前几名并不是我真正的目标。当时，我并不满足，这就是妈妈对我的影响产生的差别了。我不再为了和别人比较而好好学习，我的对手是我自己，我要做到我能做到的最好，为了我自己。

我的同学大部分都到威尔逊中学读初中了。他们对我的看法在两年的时间里大为改观。之前嘲笑我傻的同学现在都会问我："嘿，本尼，你到底是怎么写出来这道题的？"

显然我回答的时候很开心，因为我赢得了尊重。取得好成绩，学习更多的知识，让自己的知识超出课程的要求——这一切对我来说很有意思。

威尔逊中学里大多数学生仍然是白人，但是我和科蒂斯在这所学校里却十分出众，在这里我第一次感觉到了我是优于那些白人孩子的。我很喜欢回想起当时的情形，我在才智方面的进步显然有助于人们消除对于黑人智力水平的偏见，尽管我并非是有意为之。

这要感谢我妈妈，从小到大，我从没有听过我妈妈对我说过类似"白人如何如何"这样的话。尽管她结婚很早，没有受过良好教育，却教会了我们兄弟——人是平等的。她说话从不带有种族歧视的色彩，她也不允许我们这样做。

科蒂斯和我遇到过歧视，我们也都知道那种痛苦的感觉，尤其是在60年代初期。

在我记忆中，针对我的种族歧视有三次。

那时，我和科蒂斯在上学的路上常常扒火车。我们觉得这很有趣，因为火车的轨道和我们去学校的路是平行的。当我们知道我们不应该这样做的时候，我决定以后只扒慢一点的火车。

科蒂斯会趁着火车转向减速的时候，跳上高速的火车。看着他敏捷的动作，我很嫉妒。当快速的火车经过转弯处的时候，他会把他的单簧管扔在货车前部一节车厢的顶上，然后一下子爬上最后一节车厢，从车顶上走过去拿回他的乐器。如果他没有做到，他就会失去他的单簧管。但是，这样的事情从没发生过。

我们喜欢这样的冒险，每次跳到车上的时候，我都非常兴奋。我们不仅要确保每次都成功，还要确保每次都不会被守在铁路转弯处的保安抓住，不过他们从没有抓到过我们。

后来我不再扒了，因为一个完全不同的理由。有一次科蒂斯没有和我在一起，我沿着轨道跑的时候，一群年纪大一点的白人孩子冲向我，他们满脸怒气，其中的一个拿着一根棍子。

"嘿，你！黑鬼！"

　　我有点害怕，停下脚步盯着他们，一声不吭。我那时非常瘦弱，并且看起来不堪一击。那个男孩抡起棍子打我的肩膀，我躲过了，不知道接下来会发生什么。他和他的伙伴站在我面前，用他们能想到的最难听的话骂我。

　　我能听到自己的心跳声，也能感觉到我的汗流了下来。我低头看着我的脚，我已经害怕到不能回答，惊恐到无法逃跑。

　　"你们这些黑鬼根本不应该上威尔逊中学，懂吗？如果再让我们抓到你，我们会杀了你。"他浅色的眼睛像死亡一样冷。"你听见没有？"

　　我的眼睛没有离开地面，"也许吧。"我嘟囔着。

　　"我说，你听见没有，黑鬼？"那个大男孩拿棍子捅着我说。

　　恐惧使我窒息。我尽量大声地说："是。"

　　"那就快滚。你最好小心点，别再碰到我们。下一次，我们会杀了你！"

　　之后我跑了，用我最快的速度，并且在到操场之前都没有减速。我走了另一条路。从那以后，我再也不扒火车了，也再没有见到那伙人。

　　这件事情我从来都没有对妈妈说过，要不然她准会马上给我们换学校的。

　　没多久，更加惊人的事情在我8年级的时候发生了。在每一学年底的时候，校长和老师们会为获得7—9年级第一名的学生分别颁发证书。我在7年级的时候获得了那个证书，在同一年科蒂斯获得了9年级的证书。8年级年底的时候，大家差不多都承认我是一个聪明的孩子了。在第二年的时候我又获得了那个证书。在全校集会的时候有一个老师给我颁发证书。在她将证书递给我之后，她又走到全体学生面前并扫视整个观众席。"我有些话想要现在说。"她开始了，她的声音异乎寻常地高。之后让我尴尬的是，她训斥了那些白人学生，说他们放任我拿第一名，显然是他们学习不够努力。

虽然她并没有明说出来，但她让他们知道黑人不应该在白人堆里拿第一。在那个老师还在训斥其他学生的时候，有一些东西在我脑海中翻滚。当时，我很受伤。我非常努力地成为班级的第一名——或许比学校里所有其他学生都努力——但她却因为我不是白人而打击我。我的第一个反应是愤怒，接下来，我对自己发誓要更加努力。蠢女人，我会做给你和他们看的！

我无法理解为什么这个老师会这样说话。她也在好几门课上教过我，看起来还算喜欢我，而且她很清楚地知道我是通过努力获得好成绩的，那个证书，我当之无愧。为什么她会说那些刺耳的话？难道她不懂得人人平等吗？不懂得人们的肤色或种族并不会让人更聪明或更笨吗？我忽然想到，如果条件充足的话，肯定会有少数民族更聪明的情况出现。难道她没有意识到这点吗？

尽管我很受伤，也很生气，可我还是什么都没说。在她抱怨的时候我安静地坐在那里。有几个白人同学偶尔扫我一眼，用翻白眼的方式来让我知道他们的烦感。我能感觉到他们想对我说："这女人真蠢。"

　　三年前的那些曾经嘲弄过我的孩子，有些已经成了我的朋友。他们感觉很尴尬，我可以从他们有些人的脸上读到不屑。

　　我没有将这件事情告诉妈妈，是不想让她伤心。

　　我记忆中的第三件事是以橄榄球队为中心发生的。在我们的社区里有一个橄榄球社团。在我7年级的时候，打橄榄球是很重要的体育活动。

　　自然地，我和科蒂斯都想打。但是我们卡森家没有一个身材高大的。事实上，和其他队员比，我们都算身材矮小。但我们有一个优势就是跑得很快——快到可以超过场上的所有队员。因为卡森兄弟表现出色，这显然使一些白人有些恼火。

　　一天下午，当我们练完球离开球场的时候，一群年轻白人把我们围住了。显然他们很愤怒。我不知道他们是不是和之前在铁道边恐吓我的人是一伙的。我只知道我很害怕。

　　之后有一个人走上前来，"如果你们再回来，我们会把你们扔进河里！"他说。然后他们就转身离开了。

　　我和科蒂斯在意的是，我们知道他们不想让我们留在橄榄球社团。至于他们会不会真的像他们威胁的那样做，我们倒不怎么关心。

　　回家路上，我对哥哥说："谁会为一群反对我们的人卖力？"

　　"我想我们会用我们的时间找一些更好的事情做。"科蒂斯说。

　　我们并没有对任何人说要退出球队的事情，但我们再也没去练过球。社区的人都没有问过为什么。我对妈妈说："我们决定不打橄榄球了。"科蒂斯说了一些有关要多学习的事。

　　这次恐吓的事，我们决定不告诉妈妈。我们知道要是对她说了，她会担心死的。回想起来，我们家的人处事风格很一致。我们小的时候，妈妈在她和爸爸的情感问题上三缄其口，保护了我们。现在轮到我们来保护她，免得她为我们担心。我们也选择了同样的方法。

第五章　衣服，衣服，我要时髦衣服

"你们知道印第安人会拿卡斯特将军穿旧的衣服怎么办吗？"帮派的小头目问道。

"告诉我们吧！"他的一个同伙饶有兴趣地说。

"他们会把他的衣服收藏起来。现在，我们的卡森同学正穿着这套衣服呢！"

另一个孩子使劲地点点头说："确实很像呀！"

我当时觉得我的脸颊和脖子都是火辣辣的。这帮人又在取笑我。

"不信你过来闻闻，"第一个家伙笑着，"这衣服闻上去像一百年前的！"

我刚刚进亨特中学的8-A班时，因为班里同学的讥讽而遭遇许多尴尬和痛苦的经历。当时他们常玩一种叫作"capping"的把戏。这个词是个俚语，这种把戏就是通过冷嘲热讽，说带刺的话拿别人寻开心。他们总是故意让对方听到那些话，那些穿着过时的孩子是他们最好的目标。这些人经常聚集起来，比谁可以说出最有趣，最侮辱人的话。

我是一个特别的目标，因为我从来不在乎我的穿着。从前如此，现在也是如此。除了在人生一个短暂的时期外，我再没有太多关注我的穿着了。因为妈妈总是说："本尼，内在的价值才是最重要的。不要成为一个徒有华丽的外表，然而内在却一无所有的人。"

我8年级还没上完就离开了威尔逊中学，这令我不太高兴。但我很高兴能搬回我们的老房子。正如我对自己说的："我又回家了。"这才是所有事情中最重要的。

因为妈妈的节俭，我们的经济状况渐渐改善。母亲终于有了足够的钱，可以让我们搬回父母离婚前的房子。

尽管房子很小，但那是我们的家。用今天的眼光来看，我更加觉得它就像是一个"火柴盒"。但在那时候对我们三个人来说，那房子就像是一所豪宅，一个非常神奇的地方。

搬家就意味着需要转学。科蒂斯转到了西南中学，而我则去了亨特中学。那是一所以黑人为主的学校，约有30%是白人。

来到新学校，同学们很快意识到我是一个聪明的孩子。虽然我不是第一名，但也在二、三名的位置上。我已经习惯当一个学习好的学生，很享受那种做尖子生的感觉，我决定要保持下去。

然而我觉得有了一种新的、前所未有的压力。这种压力来自前面说过的"capping"，也来自融入新环境的需要。我从来没有因为想要被接纳而参与过诸如"capping"这样的事情。因为我在此前的学校成绩优秀，同学们都很喜欢接近我。但在亨特中学，大家都不大注重学业。

要被一伙人接受，你就得要穿同样的衣服、去同样的地方游荡，你得会打篮球，还得会玩"capping"，拿别人寻开心。

我不能仅仅是为了要被大家接纳而向妈妈要钱买衣服。尽管我不完全知道妈妈的工作有多辛苦，但我清楚她是想让我们摆脱对社会福利的依赖。在我开始上9年级的时候，妈妈的努力使我们不再领取除食品券以外的政府援助，那时，如果不领食品券，妈妈的收入还不能做到既养活我们，同时还支付房子的一切费用。

她把最好的都给了我和科蒂斯，而她自己却十分节省。她的衣服干净、得体，但却都不时髦。当然，我们还是孩子，所以从没注意到这一点，妈妈也从来没有抱怨过。

在新学校的最初几周，同学们拿我寻开心，我什么都没说，他们就变本加厉。因为不能融入新环境，我很难过，很孤独，也很受伤。我独自走在回家的路上，我想，我到底有什么错？为什么我不能被接受？为什么我就和别人不一样？我安慰自己说："他们只是一群小丑。如果这只是他们找乐趣的方法，他们可以继续，但我不打算参与他们这种愚蠢的游戏。我要努力做一个成功的人，总有一天我会展示给所有的人看。"

尽管我说了一些安慰自己的话，我还是觉得被冷落和被拒绝。而且，像大多数人一样，我想被接受，不想被排挤在外。不幸的是，在他们长时间的折磨下，最终也让我染上了和他们一样的毛病。于是我对自己说："好吧，既然你们要拿我寻开心，我就让你们见识见识我的手段。"

第二天，我等着他们玩"capping"的时候，还真让我等来了。一个九年级的同学说："小子，你穿的这件衬衫已经经历了第一次、第二次、第三次和第四次世界大战。""是啊，"我说，"你妈妈也穿过它呢。"

每个人都笑了。

他盯着我，几乎不敢相信我会说这样的话。然后，他也笑了。他拍了拍我的后背说："嘿，小子，你还成。"

我的自信上涨。不久我就给全校最会玩"capping"的人来了一下子。于是，我被公认是个伶牙俐齿的人，这感觉好极了。

从此每当有人再拿我寻开心，我就反唇相讥，针锋相对——这正是"capping"的玩法。数周内，没有人再敢来欺负我了。他们不敢嘲讽我，因为我会反过来嘲笑他们而且比他们还厉害。

那以后，同学们看到我来了都像鱼沉到水里那样避开。我还不让他们走。"嘿，米勒！如果我像你那么丑的话，我也会把自己的脸藏起来的！"何等卑劣的言辞。当然，我安慰自己说："每个人都这样做。欺负别人是不被欺负的唯一途径。"有时我会说："他知道我真的没有那个意思。"

很快我已经忘了被侮辱的感受。最少我已经为我自己解决了一个大问题。

不幸的是，我并没有解决衣服的问题。

除了取笑我的穿着，他们还说我是个穷光蛋。他们的想法是：如果你是穷人，你就一无是处。奇怪的是，他们之中没有人出身富裕家庭，根本无权谈论别人。但作为一个年轻人，我没能想明白这些。我觉得自己比他们都贫穷，主要是因为我没有父亲。我知道大多数孩子都双亲齐全，我深信他们过得会比我更好。

上9年级的时候，我很怕做一件事。我觉得这件事最令我尴尬。正如我所说，我们是要依靠食品券过活的。

偶尔妈妈会叫我去商店用粮票买面包或牛奶。我不愿意去，怕被我的朋友看到我用食品券。要结账的时候，如果有我认识的人到收银台，我会假装想起还要买别的东西，躲到一边，直到他离开。等到没有人排队了，我才迅速走到收银台付钱。我可以接受贫困，但如果我朋友知道我家用食品券，我就等于死了一千次。其实如果我真的想想，我很多的朋友家也是用食品券的。然而，每一次我离开家的时候都觉得口袋里的食品券很烫手，我担心有人可能会看到，或者是听到我用食品券，担心人们会议论我。但就我所知，还没有人发现这件事。

9年级是我人生中一个关键的时期。作为一个优等学生，我可以很容易跟最好的或者是最坏的同学友好相处。这是个人生的转变期。我不再幼稚，开始为未来考虑，我特别渴望将来做一个医生。

到10年级时，别人对我外表的评价让我感觉到了太大的压力。衣服是我的一个大问题。"我不能穿这条裤子，"我告诉妈妈，"所有人都会嘲笑我的。"

"本尼，只有愚蠢的人才会嘲笑你的穿着，"她会说，"人不是单单靠衣装。"

"但是，妈妈，"我为自己狡辩，"我认识的每一个人的衣服都比我的好。"

"也许是这样，"她耐心地说，"我认识的许多人穿得都比我好，但是这不能够让他们变成更好的人。"

差不多每天，我都恳求母亲帮我买衣服并给她施压，我坚持一定要穿我要的款式的衣服：意大利针织衬衫搭配小山羊皮坎肩、丝绸长裤、上厚下薄的丝袜、鳄鱼皮鞋、铁公鸡帽檐的帽子、皮夹克，还有小山羊皮大衣。我不断地讲着那些衣服，似乎我脑子里除了衣服就没有其他了。我必须要有那些衣服，我不要变成受人冷落的人。

我知道母亲对我很失望。我放学后直接回家做功课，脑子就离不开我那可怜的衣柜，离不开想要被大家接受的渴求。于是我下学后不再直接回家写作业，而是去打篮球。有时候我会打到10点，有几次，直到11点。我知道我回家会发生什么事，我已经做好面对它的准备。

"本尼，你知道你自己在做什么吗？你不止让我对你失望。你把时间都浪费在外面，只会找我要好衣服，你毁了你自己的前途！"妈妈这样对我说。

"我不会毁了我的前途。"我分辩道。因为我不想听这些话。我也根本听不进去，我不成熟的心智，只想着要跟别人一样。

"我一直为你感到骄傲，本尼，"她说，"你学习十分努力，不要把这一切都丢了。"

"我会继续努力学习的，"我回答道，"我会没事的，我的成绩不是一直都很好吗？"

她在这个问题上争不过我，但我知道她很担心。"好吧，儿子。"她终于放弃了。

于是，经过我几周的恳求后，母亲说出了我想听的话："我会尽力找一些花哨的衣服给你。如果这能够让你快乐，我会给你。"

"新衣服会让我开心，"我说，"它们会的！"

我几乎不敢相信那时候的我是多么的幼稚无知不懂人事。我没有考虑到妈妈的心情，我让她去给我买衣服，只是为了一己私欲，为了要迎合一个小圈圈。但是我永远也不会有满足的时候。现在我认识到，无论她买多少意大利衬衫、皮夹克，或鳄鱼皮鞋，我都没有满足的时候。

我的成绩下降了。我从班上名列前茅的学生变为成绩中下的学生。更糟糕的是我对这事不以为然，因为我已经进入了这个小圈圈。我与那些在学校里受欢迎的人在一起游荡。他们邀请我去他们的派对和音乐会。我觉得我比从前更加快乐，因为我是他们中的一员。

然而，我并不快乐。

我迷失了。我背离了那些生命中最基本和重要的原则。为了解释这句话，我就要把故事带回到妈妈那边，讲述玛丽·托马斯探望我们的事情。

* * * *

当妈妈在医院要生我的时候，她第一次接触到"复临教派"。那时玛丽·托马斯去医院拜访病人并且和妈妈谈论关于耶稣基督的事。虽然妈妈对她所讲的没有什么兴趣，但还是礼节性地听着。

后来，如之前我说过的那样，妈妈因为感情上受到伤害，住进了精神病院。有一段时间，她甚至要寻短见，她把当时治疗的药物都存起来，然后一次吃下去。一天下午，一个女士到医院探望妈妈，就是从前见过一次的玛丽·托马斯。

这位安静却很热心的女士开始和母亲谈论关于神的事。这本身不是什么新鲜事。大约在她还是一个在田纳西州的小女孩时，妈妈也听闻过上帝的事。然而，玛丽·托马斯的方式却很不同，她并没有试图强迫母亲去接受，或者告诉她，她是多么的罪恶。相反，玛丽·托马斯简单地表达自己的信仰，偶尔停下来读几段《圣经》经文，用它们来说明她信仰的基础。

更重要的是玛丽那发自内心的关怀，而妈妈的确需要有人关心她帮助她。

在离婚之后，如果说生活上有什么难题，那就是深感绝望的妈妈根本不知道怎么照顾两个年幼的孩子。那些认为她不传统的人排斥她。然而在她孤独的时候玛丽·托马斯就像是希望的曙光。"其实还有另一个力量的源泉，索妮娅，"玛丽说，"而这种力量可以为你所拥有。"

那些话像是及时雨，成为她生活中可以依靠的力量。妈妈最终明白了，她在这个世界上并不孤单。

几周之内，玛丽给妈妈讲解，使妈妈慢慢地相信了耶稣基督给她的爱。

日复一日，玛丽·托马斯耐心地与妈妈交谈，回答她的问题，并倾听她想说的一切。

妈妈那只有3年级的教育程度使她无法阅读大部分的经文，但玛丽并没有放弃。她大声地朗读经文。通过她的影响，妈妈开始学着自己读经文。

虽然妈妈自己几乎不能阅读，可一旦她决定去学习，她就竭尽全力。妈妈开始阅读经文，经常念出声来，有时还是不能理解，但是她坚持不懈。她的决心帮了她。最终，妈妈已经能够读懂经文中比较深奥的部分了。

父母离婚后收留我们的琼姨妈和威廉姨丈是波士顿的基督徒。有了他们的鼓励，不久妈妈的信念越来越强。她变得活跃起来，时至今日她仍然是一个虔诚的基督徒。自从有了信仰后，妈妈也开始带科蒂斯和我一起去教堂。复临教派是我所知道的唯一的精神家园。

12岁时我变得更加成熟，我那时意识到，在8岁的时候尽管我受了感动，甚至接受了洗礼，但我没有真正明白成为基督徒意味着什么。

12岁那年，我们搬家了。我们改在沙伦第七日复临教堂做礼拜。我与那里的史密斯牧师交谈，"虽然我受过洗，"我说，"但那时我并没有真正明白我在做什么。"

"现在你明白了吗？"

"哦，是的，我现在12岁，"我说，"我相信耶稣基督。而且耶稣在他12岁时父母第一次带他去耶路撒冷的圣殿。所以我想再次受洗，因为我现在才真正明白，而且已经准备好了。"

史密斯牧师同情地听着，对我的要求没有意见，他再次为我施行了洗礼。

然而，回想起来，我不知道我从什么时候开始心向上帝。或许是逐渐地发生的，就连我也没有察觉。而当我14岁时，我终于明白了上帝可以以怎样的方式改变我们。

因为就是在14岁时，我遭遇了人生中最严峻的个人问题，那差点毁了我的一生。

第六章　失控——我致命的坏脾气

"那绝对是非常愚蠢的。"英文课后，杰里在走廊里嘲笑我。其他同学围住了我们，杰里的声音很大，盖过了周围的嘈杂。

我耸了耸肩，"我猜是这样吧。"我在7年级英文课上答错了题已经够尴尬了。我不想再谈论这件事。

"你猜？"杰里的笑声很是刺耳，"听着，卡森，那是全年中最愚蠢的事情呀！"

我看向杰里，他又高又重，而且也不是我的好朋友。"你也说过一些非常愚蠢的事。"我轻声说。

"噢？"

"是啊。就在上周，你——"

我们各不相让，对话变成了争吵，我一直保持冷静，但他却越说声音越高。最后，我走向自己的储物柜。我不想理他，也许他会闭嘴走开。

我忙着打开密码锁，锁刚打开，杰里伸手把我推了个趔趄，我的火一下子蹿了上来。我忘了他有20磅的肌肉，我无视走廊中的老师和学生。我朝他打去，手上还拿着刚打开的锁。他呻吟着，踉跄后退，鲜血从额头上一个三英寸长的伤口流了下来。

杰里被打蒙了，他慢慢抬起手摸了摸额头，感觉到了黏黏的血。慢慢地，他把手放到眼前，看到了血，他尖叫起来。

结果当然是校长把我叫了去。我平静下来真挚地向校长认错。"这是一个意外，"我对校长说，"如果我还记得我的手中有把锁的话，我决不会打他。"我确实是这么想的。我很惭愧。一个基督徒决不应当像这样发脾气。我向杰里道歉，然后这件事情就了结了。

我不再去想我的坏脾气。我不是那种故意要打破别人脑袋的人。

几个星期后妈妈带回家一条新裤子给我。我看了一眼，摇了摇头，"绝对不行，妈妈。我不会穿的。这裤子的款式不对。"

"什么叫'款式不对'？"妈妈看起来很疲倦，但她的声音很坚定，"你需要新裤子，现在只能穿这个。"

我把裤子扔回给她。"不，"我嚷道，"我不会穿这件难看的衣服！"

她把裤子叠好，放在厨房塑料椅子背上。"这条裤子是不能退换的，"妈妈耐着性子说，"因为这是特价品。"

"我不管！"我转过脸对着她，"我不喜欢它，让人看到我穿着它，我就死定了。"

"我已经付了钱，这条裤子不便宜。"

"这不是我想要的。"

她向前迈进了一步，"听着，本尼，我们不一定总能得到我们想要的东西。"

我的身体发热，脸上火辣辣的，肌肉发麻，"我会的！"我喊道，"等着看吧，我会的，我会的——"

我挥舞着胳臂，科蒂斯从我身后抓住了我，把我从妈妈身边摔出去。

我险些打到自己的妈妈！这件事本来应当让我认识到自己的脾气是致命的。也许我知道，但不想承认。我只能把这种暴躁的脾气称为暴躁症，这是一种疾病，这种病纠结着我，把我变成了一个蛮不讲理的人。

我平常的时候是个好孩子，通常是很严重的事才会让我生气。但是，一旦我达到了沸点，就会完全失去理智。当我的怒火被激起，我就会想都不想，抓起手边的砖、石头，或木棍来砸人，就好像一个没有理智的人一样。

说起我的坏脾气，跟我不太熟的朋友们都以为我夸大其词。但我绝对没有夸张，为了说清楚，这里我再讲两件事。

我怎么也想不起那事的起因，只记得邻居的孩子用石头打我。虽然没有事，但我的坏脾气发作了，我跑去路边，捡起一块大石头，砸向他的脸。我往外扔东西的时候通常很少失手。石头打破了他的眼镜，打肿了他的鼻子。

在我上9年级的时候，发生过一件不可想象的事情。我失去了控制，并试图用刀刺我的朋友。当时，鲍勃和我在听半导体收音机，他转动旋钮，调换到另一个电台。

"你那叫音乐呀？"

"那比你喜欢的好！"我大声回答，抢着要换台。

"卡森，你总是……"

在这一刹那，我被盲目的愤怒所控制。我握住放在后面口袋里的折叠野营刀，亮出刀刃，刺向我的朋友。我将刀全力朝他的肚子刺去。刀刺中了他的又大又重的美国后备军官团的皮带扣，随后刀刃断裂，掉在地上。

我盯着断了的刀刃，颤抖起来。我几乎杀了他！我几乎杀了我的朋友！如果皮带扣没有保护他，鲍勃就已经躺在我的脚下，不是死去就是严重受伤。他没有说什么，只是愣愣地看着我，不敢相信眼前发生的事情。"我，我很抱歉……"我嘀咕着，刀柄从手中滑落。我不敢看他的眼睛，我什么都不敢说，转身就跑回家。

值得庆幸的是房子里面没有人，因为我不想见到任何人。我跑到洗手间，锁上了门，想一个人静静。然后我一屁股坐在浴缸边上，腿滑落到地板上直顶到洗手槽。

我想要杀了鲍勃！我想要杀死我的朋友！我紧紧地闭上了眼睛，忘不了那幅景象——我的手、我的刀、皮带扣、断裂的刀刃和鲍勃的脸……

"这太疯狂了，"我喃喃自语，"我一定是疯了！正常的人是不会想杀自己的朋友的。" 手搭在浴缸的边上，感觉冰凉凉的。我把手放在火辣辣的脸上，"我在学校表现这么出色，但我却会做出这种事。"

　　从我8岁时起，我的梦想就是成为一名医生，但是如果有着这样可怕的脾气，我还怎么能实现梦想呢。当我生气的时候，我会失去控制，不知道怎样才能停下来。如果我没有办法控制好自己的脾气，那也不用想有什么成就了。要是我能对燃烧的怒火有办法就好了。

　　两个小时过去了，地垫上绿色和棕色相间的波浪图案像蛇一样在我眼前扭来扭去，胃感到一阵恶心，我感到厌恶和羞愧。"除非我摆脱这个脾气，"我大声说，"否则我就当不了医生了。如果鲍勃没有系那条皮带，他很可能就已经死了，而我现在正在去监狱或少年管教所的路上。"

　　痛苦折磨着我，我汗流浃背。我恨自己，但我控制不住自己，所以我对自己恨之入骨。

　　在我的脑海深处有个强烈的念头——祈祷。妈妈教过我祈祷。波士顿教会学校的老师也经常告诉我们，我们只需向上帝祈求，上帝就会帮助我们。此前，我一直在努力控制自己的脾气，我以为可以处理好它。现在，在这个炎热的小卫生间里，我知道了真相——我无法独自处理好我的脾气。

　　我觉得自己好像永远无法再面对任何人。我怎能直视妈妈的眼睛？她会知道吗？我怎么可能再面对鲍勃？他怎么能不恨我？他怎么可能再相信我？

　　"主啊，"我低声说，"你必须去除我的脾气。如果不这样做，我将无法重获自由。我会干出比伤害我最好的朋友还要恶劣的事情来的。"

我了解很多心理学的东西（我已经阅读心理学杂志有一年了），我知道我的脾气是一种性格特质。改变性格特质不是不可能，但是很困难。时至今日，一些专家都认为，我们所能做的最好是接受我们的极限，并调整它们。

眼泪滑过我指尖。"主啊，尽管所有的专家都没有办法，我相信你可以改变我。你可以让我永远摆脱这种暴躁。"

我用卫生纸擦了一下鼻子，把它扔在地板上。"你答应过，如果我们来虔诚地向你寻求帮助，你会帮我们的。我相信你可以改变我。"我站了起来，望着狭窄的窗户，恳求上帝的帮助。我不能总是做了可怕的事情，然后再痛恨自己。

我坐在马桶上，许多可怕的事情充斥在我的脑海里。我看到我的愤怒，我握紧拳头抑制我的怒气……如果我改变不了，我就不会有任何的成就。我可怜的妈妈，她相信我，甚至不知道我有多糟。

我被痛苦吞噬，眼前是无尽的黑暗。"上帝，如果你不帮我这个忙，我就走投无路了。"

我溜出浴室，取回了经文。现在，我打开了它，开始阅读箴言。上面说到很多愤怒的人，说到他们如何让自己陷入麻烦。箴言16：32给我的印象最深："不轻易发怒的，胜过勇士，制伏己心的，强如取城。"

我无声地读着。我觉得好像经文写的就是我，是为了我写的。上面有对我的谴责，也给了我希望。

一段时间后，慢慢平静下来。我的手不再发抖了，眼泪也止住了。独自待在浴室的几小时，我身上发生了一些变化。上帝听到了我的痛苦和呼喊。我感觉轻松了许多，我从心里感受到了改变。我感到了不同。不，我已经不同了。

最后，我站了起来，把经文放在浴缸的边缘，走到洗手池前。我洗了一下脸和手，整理了一下我的衣服。我走出卫生间，变成了一个新的年轻人。"我的脾气不会再束缚着我，"我告诉自己，"再也不会了。我自由了。"

从那天开始，我的坏脾气就从没有再爆发了。

现在回想起来，这真是个不可思议的奇迹。我的一些对心理学有兴趣的朋友都提醒我，我仍然会有暴躁的可能性。也许他们是对的，但自从那次经历过后二十多年了，我再没有发过脾气，连需要刻意控制自己脾气的事情也没有遇到。

我已经可以面对非常大的压力和嘲笑。有了上帝的恩典，我能轻而易举地解决不愉快和使我发火的事。上帝帮助我征服了我的坏脾气。

待在浴室的那几小时里我也才明白，一个人能够使我发怒，他就能够控制我。为什么我要给别人这样的力量来打乱我的生活？

多年来，对那些故意做一些事情来让我恼火的人，我一笑置之。我并没有比别人更好，但我还是嘲笑那些想让我生气的人是多么愚蠢。我是不会上当的。

也就是这个原因，自从我14岁那年的那个特殊的日子起，我对上帝的信仰一直很虔诚，信仰成为我的一个重要部分。从那个时候起，我就经常哼唱自己最喜欢的一首赞美诗《耶稣是我整个的世界》。一旦有事情让我恼火，那赞美诗就能让我平静下来。我曾经这样对年轻人说："无论遭际如何，阳光永在我心。"有了对耶稣基督的信仰，我就什么都不怕了。我相信，我有证据证明——是我自己的经验——上帝可以做任何事情，因为他连我都改变了。

　　从14岁开始，我就开始着眼于未来，母训和师训终于初显成效。

第七章　ROTC[①]，美国预备役军官训练营

　　我10岁的时候开始对约翰·霍普金斯大学医院产生了兴趣。回首那些日子，似乎每一个电视节目或报纸上的医疗故事都涉及那家医院里的某个人。所以我对自己说，当我成为医生之后我要去那家医院工作，因为那里的人们正在探寻治疗和帮助病人的新方法。

　　虽然我做一名医生的志向已定，但我还不是很清楚到底该选择医学中的哪个领域。例如，当我13岁时，我的注意力从普通医生转移到了精神科医生身上。看关于精神科医生的电视节目让我更加信服，在我看来，他们是充满活力的智者，他们知道怎样去解决人们的心理问题。在那个年纪，我对金钱考虑很多，并认为有这么多疯狂的人生活在美国，做精神科医生一定可以让我有不错的收入。

　　我的职业选择在13岁的时候确定下来。作为给我的生日礼物，科蒂斯给我订阅了心理学杂志。这礼物棒极了。他不单是一

---

① ROTC：Reserve Officers Training Corps的英文缩写，意为（美国）预备役军官训练营。——译注

个好哥哥，更是一个好朋友。他真的牺牲了很多，用自己辛苦赚来的钱送我礼物。他那时候只有15岁，在实验室做兼职工作，但赚得并不多。

科蒂斯对我很慷慨，知道我对心理学和精神病学有兴趣，他选择了给我订阅杂志的方式帮助我。尽管以我当时的年龄来说这是本很难读懂的杂志。但我还是从大量的文章中获益匪浅，每次都焦急地期待下一期杂志的到来。我也读这方面的书。有一段时间我曾经幻想自己成为我家附近的心理医生。很多孩子会把他们的问题讲给我听，我是个很好的倾听者，并且我学会了一些帮助别人的技巧。我问他们诸如，"你想要和我讨论这件事吗？"或者"今天有什么事困扰你？"之类的问题。

孩子们都会对我敞开心扉。也许他们只是想有一个机会去讨论他们自己的问题。其中一些人很愿意做倾听者。能够获得孩子们的信任，使他们愿意把自己的问题讲给我听，这让我感到很荣幸。

"好吧，本杰明，"我对自己说，"你已经有了对未来学科的选择，并已经开始涉足其中了。"

这个目标直到我进医学院之后才又改变了一次。

在10年级的第二个学期我加入了美国预备役军官训练营，我承认这样做的一个重要原因是由于科蒂斯。我非常尊敬哥哥，尽管我从没有告诉过他。不管他知道不知道，但他是个让我效仿的好榜样。他的制服胸前挂着的奖牌比任何我认识的人都多，因此我为他感到骄傲。

加入预备役军官训练营使我的生活有了另一种改变，引领我重新走上正确的轨道。我上12年级的哥哥，已经是上尉了。当我还是二等兵的时候他就已经升为连队指挥官。

科蒂斯从不与人攀比，更不会像我那样讲究穿着。他在高中时代一直是名列前茅的好学生。他以班里顶尖的成绩毕业考入密歇根大学工程系。

在加入预备役军官训练营后，我认识了人生中的另一位重要人物，一个名叫夏帕尔的学生。那时候他已经是全职上校了，这是学生兵的最高级别。夏帕尔成熟、自信，受人喜爱。我目睹了他认真学习并通过了全部预备役军官训练课程的过程，觉得这简直不可思议。然后，我产生了另一种想法。如果夏帕尔能做到，为什么我不能？就在那一刻，我决定自己也要成为一名学生上校。

由于我加入预备役军官训练营的时间较晚（不像其他人是在学年开始时加入，我是在10年级中途加入的），这意味着我实际只有5个学期，而非6个。从开始起我就意识到自己想要到达顶峰的机会不是很多，但这个想法并没有使我沮丧，相反地，它激起了我的斗志。我决心在高中毕业之前，在预备役军官训练营尽全力做到最好。

妈妈继续与我谈论我的态度问题。她没有长篇大论的言辞，因为她发现了更巧妙的方法来鼓励我。她把诗歌和名言背下来，在与我谈话时反复引用。她的方法初获成效。

现在想想，觉得母亲是个很惊艳的人，她能记住像罗伯特・弗罗斯特《未选择的路》那样的长诗。她经常对我引用一首名为《莫怨别人》的诗，虽然我没找到过这首诗的印刷版。它批评那些自己未尽全力，却在失败后寻找种种借口的人。这首诗的最末一行写道：

> 自己的船自己掌舵，
> 所以——
> 如果你船沉了的话，
> 莫怨别人。

索妮娅・卡森拿着她两个儿子的高中毕业照，
本（左）和科蒂斯（右）

正确的做法是自己动手，改变命运。我们应该把握一切机会，并且为我们自己的选择负责。

母亲一直关注着我，直到我真正地意识到——我自己才是那个最终能为我负责的人。如果我想要实现一些目标，我不得不学会自我掌控。很快，我的学习成绩再一次突飞猛进。在11年级和12年级，我一直都在优等生的行列。我已经回到了正轨上。

我生命中另一个对我有影响的人是一位英语老师，米勒夫人。9年级的英语课堂里，她对我特别照顾，并且常在课后对我进行额外辅导。她因我成绩优异而以我为荣，她教会我如何鉴赏优秀的文学和诗歌。我们也会重温那些我在课堂上没有完全做对的题目，她一直陪伴着我，直到我改正所有的错误。

当我步入10年级，成绩下滑的时候，她很失望。即使她不再是我的任课老师，她依然关注着我，并且知道我不努力学习，到处闲逛，对学业漠不关心，导致成绩下滑。我很难过，因为我让她失望了。在那一刻，我的愧疚甚至比让妈妈失望犹有过之。

最终，我意识到，这一切都怪我自己，也只能怪我自己。除非是我自己的选择，否则那伙赶时髦的人根本无法影响到我。我开始远离他们。穿衣打扮的问题也迎刃而解，因为在预备役军官训练营，我们一周三天都要穿着制服。这就意味着我一周只有两天能穿自己平日的衣服，而我也已经有了很多"恰当的"服饰，那些学生也不再议论我的穿着了。

随着服饰问题的解决和我学习态度的改变，我的学业再一次变得优秀了。

在我的高中生涯，有几位老师发挥了重要的作用。他们给予我特别的关注，鼓励我，并且都激励我不断地努力。

我尤其崇拜并且衷心感激两位男老师。一位是弗兰克·迈克考特，我的生物老师。他是个白人，身高大约五英尺九，中等身材，戴眼镜。他的外表使人不难看出他的职业，一个不熟悉他的人第一次在街上看到他，也会猜出他是个生物老师。

迈克考特先生对我的能力非常有信心，所以他鼓励我承担更多的职责，并且提供给我很多生物科学的额外辅导。他指派我为其他同学策划实验方案，并负责实验室的运转。

第二位老师，勒梅尔·多阿科斯是乐队指挥，黑人，中等身材。尽管他有幽默感，但大部分时间他很严肃。他追求完美，不满足于我们只把音乐奏好，他要我们必须做到尽善尽美。

多阿科斯先生对我的关心不仅仅局限在音乐方面，他还鼓励我在学术上的追求。他认为我有音乐天赋，但是他告诉我说："卡森，你必须把学术性的问题放在第一位。永远要把重要的事情摆在第一位。"我认为一个音乐老师有这样的观点是很令人钦佩的。

正如他的音乐一样，我也佩服多阿科斯先生的勇气。学校的老师中，能够压得住那些欺负人的家伙而且不怕他们的不多，他就是其中一个。他不会容忍任何愚蠢的行为。一些学生尝试去挑战他的忍耐限度，但都以失败告终。

＊　　＊　　＊　　＊

作为预备役军官训练营步枪部队及仪仗队的成员，我获得了许多奖章，每场比赛我都获奖。在此期间，我的军衔提升得很快。

在任军士长的时候，我面对了一次重大挑战。那时，美国军队教官兼我校预备役军官训练营主任本迪中士指派我负责第五级预备役军官训练课程。因为那些学员无法无天，别的学生军士长都无法制服他们。

他对我说："卡森，我要派你去负责这个班。如果你能把他们训练出点什么成绩来，我就升你为中尉。"这正是我所需要的挑战。

对这件事，我想了两个办法。首先，我去了解他们，看看他们对什么感兴趣。然后我把全班改组，并且设置相应的训练。在每个成功教学期的期末，我会提供额外有趣的训练路线，学生们都很喜欢这样的课程。

接着，我从前玩"capping"时练就的本事现在派上用场了。他们进步很快，因为他们知道当他们做得不对时，我会嘲讽他们，弄得他们很难堪。这种方法虽然没有用到心理学的知识，但很有效。他们变得守纪律起来。

入夏之前，在我和整个班级共同努力工作了几个星期后，本迪中士把我叫到了办公室。"卡森，"他说，"第五级班已经是学校里最好的班级了。你做得非常好！"

然后他真的兑现了他的诺言，在年末时把我晋升为二级中尉——在这个学校里这可是闻所未闻的。

这次的晋升给我打开了通往校级军官的大门，因为二级中尉是参加校级军官考试之前的必经之路。正常的程序是二级中尉、一级中尉、上尉再到少校。在那之后，极少数学生能晋升至中校，而整个底特律只有3名学生能成为上校。

本迪中士为我安排了校级军官的考试。因为我的出色表现，他带我去与一些真正军队中的上尉和少校会面。

而就在那时，亨特中士取代本迪中士成为第一个负责后备军官训练团的黑人中士。他赏识我的领导能力，并因为我的学业优秀，他对我很感兴趣。他经常会把我拉到一边，说："卡森，我对你有重大安排……"之类的话。

亨特中士给过我许多额外的提示和建议，并与我分享了许多他对考试中可能出现的题目的见解。"卡森，"他说，"你要把这些学会，并且要学得很好。"

我记住了所有需要记住的材料。主考官可能会问到的训练手册上每一个可能的问题——关于地形、作战策略、各式各样的武器以及武器系统。我已经准备好了！

我和其他22所学院的代表一起参加了校官考试，并获得了最高分。事实上，我的总分是所有学生中有史以来最高的（至少当时是如此）。

另一个惊喜是，我又一次获得晋升——从二级中尉直接升为中校，这又是史无前例的。这自然使我非常得意。更令人称奇的是，这一切发生在12年级的第一学期。连我自己都难以置信——从10年级的第二学期到我升上12年级，我从一个二等兵变成了中校。我还剩下整整一个学期，后面还有一场校级军官考试。这意味着我真的有机会成为一名上校。如果我能做到，我就会成为底特律3名上校之一。

我再一次参加了考试并取得了所有竞争者中最优异的成绩。我被指派为城市执行官，负责底特律的所有学校。

我很早就认识到自己的梦想是什么。虽然我很晚才参加后备军官训练团，但是我尽一切努力成为上校。有好几次我都在想：嗯，科蒂斯，是你让我开始的，你成为上尉，而我超越了你，但是如果不是你先做到的，我也不会得到这样的成绩。

在12年级的期末，我走在美国国家战亡军人纪念日①阅兵队伍的前列。我感到非常骄傲，我胸前挂满了勋章的绶带。为了让纪念日更加隆重，我们请来了很重要的客人——两名曾在越南荣获国会荣誉奖章的战士来到了现场。对我来说更让人兴奋的是，威廉·威斯特摩兰将军（其在越战中功勋卓著）带着一名随从出席了纪念日活动。在那之后，亨特中士把我引荐给了威斯特摩兰将军，我与将军及两位奖章获得者共进了晚餐。后来，我获得了西点军校的全额奖学金。

我并没有立即回绝西点的奖学金，我只是告诉他们军旅生涯

---

① 美国国家战亡军人纪念日：5月最后一个周一，是纪念美国历史上所有战亡军人的纪念日。——译注

并不是我所期待的。能获得这样的奖学金使我欣喜若狂，但是我并没有被诱惑到。这份奖学金要求我大学毕业之后须服四年兵役，这将阻碍我去医学院继续学习。我知道自己的方向——我想要成为一名医生，没有任何事情能够改变或阻碍我。

当然，这份全额奖学金使我非常高兴，我对自己的能力建立起了信心——正如妈妈在过去的十几年中一直对我说的那样。但不幸的是，我想得太远了。我开始认为自己是世界上最伟大、最聪明的人之一。毕竟，我在预备役军官训练营表现得史无前例地出色，我的学习成绩也是全校第一。大学纷纷写信给我，并派他们的代表来招募我。

与来自诸如哈佛、耶鲁这种名校的代表见面，这让我觉得既特殊又重要，因为他们选择了我。我身边的人对这种既特殊又重要的感觉缺乏经验，而我也不例外。我不知道该如何处理这么多的关注。学校代表们聚集在我周围，由于我以往优秀的学习成绩，以及在学习能力倾向测验（SAT）中正确率在90%以上的优异成绩——这又一次成为底特律城内学生的史无前例。

有时，当我想到自己在SAT测试中取得高分的秘诀时，我会大笑。回想当初，我母亲只允许我们看两或三个电视节目并坚持让我们一周阅读两本书，还好我这么做了。那时我最喜欢的节目之一就是"通用电气学院杯"。这是一个智力问答节目，来自全国各学校的学生前来参赛，一决高低。比赛的主持人问一些实际问题来挑战参赛学生的知识面。

我每周都期待着周日晚上的节目。在我心中，已经树立了另一个秘密的目标——成为节目的参赛者之一。我知道，要想有机会脱颖而出，我不得不对很多学科的知识都有所了解。为此，我扩大了我的阅读面。科蒂斯毕业之后，我接手了他在科学实验室的工作，这件事给了我很大的帮助。理科老师们感到了我强烈的求知欲。他们给了我很多课外的辅导，并且向我推荐了大量值得阅读的文章和书籍。虽然我大部分学术成绩都很优秀，但是，我发现自己对艺术知之甚少。

于是，放学后我开始去城里的底特律艺术学院。我在各个展厅之间穿梭，直到我认得主展厅里的全部画作。在图书馆，我查阅了许多艺术家的书籍，并将所有资料都化作自己的学识。不久之后，我已经能辨认出大师的杰作，说出作品的名字，熟知不同艺术家的作品和艺术风格。我翻阅了各种资料，诸如艺术家生活的年代和他们学艺的场所。很快，出现在"学院杯"上关于画作或者艺术家的问题我都能迅速找到答案。

接下来，如果我想参加比赛，我就要对古典音乐了如指掌。当我开始这一阶段学习的时候，别人会用怪异的目光看我。举个例子，我会在草坪上挖种子或修剪草坪时带着我的便携式收音机听古典音乐。在这个汽车工业城市，一个黑人小孩这么做就被认为是奇怪的事情。其他人在听的不是《jam》（迈克尔·杰克逊的一首单曲），就是比波普爵士乐。

事实上，我不是很喜欢古典音乐。科蒂斯这一次又在我的人生中施加了重要的影响。他那时已经在海军服役，一次，他回家休假，带回了一些音乐专辑。其中一张是《舒伯特第八交响曲

（未完成）》。他不停地播放着那张专辑。

"科蒂斯，"我问，"你为什么要听这个？听起来挺可笑的。"

"我喜欢！"他说。或许当时他想向我解释一些关于音乐的东西，但是在那时我却不感兴趣。然而，正因为他在家的那两周总是播那张专辑，我发现自己也开始哼那些乐曲的旋律。就在那时，我意识到自己已经开始欣赏古典音乐了！

古典音乐对我而言并不算完全陌生。从7年级时起，我开始上单簧管课。因为我哥哥也玩这种乐器，这就意味着母亲在一开始只需要租一件乐器，而我用科蒂斯的老乐器就好。后来我又去学了短号，而在9年级的时候，我又跑去学男中音了。

科蒂斯教会我欣赏舒伯特，后来我买了一张专辑送给妈妈作为礼物。说真的，我其实是为自己买的。那张专辑中包含了许多罗西尼歌剧中的前奏曲，其中一首就是最著名的《威廉·泰尔序曲》。

接下来，我开始听德国和意大利的歌剧。我读了很多关于歌剧的书籍，知道了很多歌剧中讲述的故事。然后我才理解到，这真是伟大的乐曲。我不再因为想参加"学院杯"比赛而迫使自己学习古典音乐的相关知识，而开始真的对古典音乐着迷了。

当我开始上大学时，我可以欣赏任何乐曲——从古典到流行——而且我知道它们的创作者。我能够听出各种类型的音乐，在我不懈的努力下，自己分辨音乐的能力越来越强。

大学期间，我每晚都要听一个叫"世界最佳百首音乐"的广播节目。这个节目只播放古典音乐。我每晚都听，用不了多久我就完全知道了世界上最顶级的一百首曲子都有哪些。然后我决定扩展听音乐的范围，不只是古典音乐。我将古典音乐作为一个起点，开始聆听并且学习更多的音乐类型。

　　为了参加"学院杯"，我尽了一切我能尽到的努力。但很不幸的是，我从没有上过那个节目。

第八章　抉择——哈佛还是耶鲁

　　我紧盯着桌子上的10元钞票，明白自己必须要做出一个决定。同时因为我只有一次机会，我想确定我所做出的是正确的选择。

　　几天来，我从每一个可能的角度来考虑这件事。我向上帝祈求帮助。但是最终，我必须做出一个决断。

　　在1968年的秋天我面对了一个讽刺的局面，全国多数的优秀大学都要招我入学。然而每所大学都要求10美元不退费的申请费，而我只有10元钱——所以只能申请其中一所。

　　现在回想起来，我当时满可以借钱来多申请几所学校，我也可以与那些学校代表谈谈，能否免交申请费用。但是鉴于母亲一直为我树立自立的观念，我并不希望为了被录取而欠学校的。

　　那时候密歇根大学积极录取黑人学生，它的校园辽阔，且常常是学术和体育项目中的前十名。同时密歇根大学会对本州无法负担费用的学生给予减免。可是我希望去上一个远一点的大学。

　　我曾很用心地思考过我的将来。我的SAT分数很高，学习成绩是同年级里的前三名，同时这些优秀大学中的大多数都积极录取黑人学生。我知道这些顶尖大学任我挑选，但是我却不知道该选哪一所。大学完成医学预科和心理学之后我就可以去上医学院，并最终走上成为一名医生的道路。

其实，我只能以毕业班第三名的成绩从高中毕业这件事一直很困扰我。这可能是性格的缺陷，但我无法不去想。尽管我不需要每件事都必须做到最棒，但我本该考第一。如果我不是花了那么多时间去寻求同学的认同的话，我就应该是第一的了。在考虑择校的时候，我发誓同样的事情今后不再发生。从现在开始，我要把所有事情尽我所能做到最好。

该把我的申请表寄给哪所大学？我一直犹豫不决，几个星期就这么过去了。到了春天，我把选择范围缩小到哈佛或者耶鲁。这两所学校都很棒，这点使我很难做抉择。奇怪的是，我是在看电视节目时做了最后的决定。那是一个星期日晚上的"学院杯"节目。那天，耶鲁队以510∶35分的比分完胜哈佛队。这个比赛结果帮助我做出了决定——我想去耶鲁。

在不到一个月的时间里，我不仅拿到了耶鲁大学1969年秋季的入学通知书，他们还给我提供了90%的学术奖学金。

我想我收到这个消息后应该是兴高采烈的。我很开心，但是并不感到惊讶，反而是平静地接受了这个事实，甚至有点小骄傲。我提醒自己，我已经完成了所有我需要做的一切：优异的学习成绩，SAT的高分，高中期间能够拿到的各种证书和奖状，加上我在预备役军官训练营那一连串的成就。

耶鲁学校的宿舍很适合我们。学生宿舍楼很豪华，整套宿舍有点像是公寓，包括一个客厅、壁炉和内置的书架，几间卧室从客厅伸展出去，两到四个学生共享一套公寓，我有一间属于自己的卧室。

走在校园里，抬头望着高大的哥特式风格的建筑和常青藤覆盖着的墙壁，我想我会在这所学校内有所成就。怎么可能不行呢？我是非常聪明的人。

在不到一周的时间里，我发现自己并没有想象的那么聪明。所有的学生都很聪明，他们中的许多人都极有天赋和有洞察力。耶鲁是一个让我去除傲气的地方，因为我现在是与众多很有成就的学生一起，同吃，同住，同学习，和他们相比，我并不出色。

有一天我和几个同班同学坐在餐桌前，他们在谈论SAT分数。其中一个说："我考砸了，两科成绩勉强过了1500。"

"不是很差，"另一位同学安慰他，"不是很好，但也不差。"

"你考了多少分？"第一个同学反问道。

"哦，总分1540或者1550。我不记得我数学到底考了多少分。"

对所有这些同学来说，SAT的正确率大大超过90%是很正常的。我保持沉默，意识到自己的分数比在座的任何人都低。这是我第一次意识到——其实我没有那么聪明。这件事情小小地打击了我的骄傲，令我不再那么沾沾自喜。同时，我也没把这事太放在心上。让他们知道知道我的厉害，这很简单。我只需要像我在西南中学时那样，把所有的时间都放在功课上，尽我所能刻苦学习，然后我的成绩将会名列前茅。

但是，我很快就发现，耶鲁的功课难度与我在西南中学时的课程相比有着天壤之别。教授们希望我们在课前完成作业，他们会在作业里所包含的知识的基础上讲授当天的课程。这对于我来说就像一个国外引入的新概念。我在高中的时候，每个学期我只读我喜欢读的书，考试前只需多用一点时间，在考试前几天疯狂记忆。这个方法在高中时候是管用的，但在耶鲁显然是行不通的，这个发现令我目瞪口呆。

我在学习上越来越落后，尤其是我的化学课。落后的原因我不是很清楚，我那时为自己找了很多借口，但是真正的问题是，我完全听不懂化学课。

第一学期结束，面临期末考试的时候，我意识到问题的严重性。期末考前一天，我在校园里走来走去，心中忐忑不安。无法否认，我一年级化学课将会不及格，而且成绩会很差。一层厚厚的金色落叶覆盖在宽阔的人行道上，我走过时，它们在脚下嘎吱作响。在爬满常青藤的墙壁上，阳光与阴影在一起跳舞，这秋日的美景仿佛是在嘲笑我。我输了，因为我没有在化学课上多下功夫，及格是无望了。当我充分了解这次不及格的后果时，一个恐怖的事实让我这个来自底特律的聪明孩子彻底傻了眼——如果我化学成绩不及格，我将不能继续待在医学预科班！

我陷入了绝望，脑海里浮现出5年级时的痛苦回忆——"嘿，卡森，你得了多少分？""嘿，傻子，你今天做对过一道题吗？"虽然已经过去很久了，但这些声音仍然在我脑海中回荡。

你跑来耶鲁大学做什么？这个问题在我的脑海里挥之不去。你以为你是谁？你只是一个来自底特律贫民区的傻家伙，一个黑人孩子。你不配和这些聪明富有的学生一起读耶鲁大学。我抬脚将一块石子踢起来，石子滚到发黄的野草之中，我仿佛是想要把这些悲观的想法也一脚踢开。停！我对自己说。这样不行！我又想起那些鼓励我的老师，他们对我说："本杰明，你很聪明，你将来一定会成功。"

我独自走着，这些消极的想法折磨着我，但我想起妈妈对我说的话："本尼，你能行！喂，儿子，你想做的事，一定能做到，你还能做得比别人更好。我相信你。"

我转身沿着两旁都是宏伟建筑物的小道走回宿舍。我得努力学习，不要总是想着失败，我对自己说。这一次我一定能行……也许能行。我抬起头看着散落的叶子在秋日玫红色的余晖之中反射的暗影。怀疑不断地烦扰着我的思绪。

最终我转向了上帝。"我需要您的帮助，"我祈祷道，"成为一名医生才是我一直想做的，而现在看起来，我似乎已经当不了医生了。而且，我的主啊，我一直有种感觉是你想要我成为一名医生的啊。我认为那就是我将要做的事情，我刻苦学习，并且把它当作生活的目标。但是如果我的化学挂科了，我就只能从事别的职业了。请赐我以智慧，让我知道如果我不做医生我还能做什么吧。"

回到房间，我瘫在床上。黄昏早早来临，屋内一片黑暗。校园傍晚的声音充斥着安静的房间——经过的汽车声，我窗外公园里学生们的说话声，风扫过树叶的沙沙声……安静的声音。我坐在那儿，一个高高瘦瘦的孩子托着下巴。我失败了，我最终面临了一个我无法战胜的挑战—— 一切都太晚了。

站起身，我摁开书桌上的台灯。"好吧，"我一边在房间里踱步，一边对自己说，"我的化学将会不及格。所以我不会成为一名医生了。那么我到底还能做什么呢？"

无论我思考多少种另外的职业，我都想不出什么是比做医生更好的选择了。我想起了西点军校提供的奖学金。一份教育职业？商业？我对这些领域没有任何的兴趣。

我的意识向上帝飘去——一种绝望的向上帝的呐喊，乞求，甚至偏执。"要不就让我想出我应该做什么工作，要不就创造些奇迹让我通过这次考试吧！"

从那一刻起，我感受到了平和。我没有得到答案。上帝也不曾打破我忧郁的阴霾并在我面前闪现一幅画面。然而，我知道无论发生什么事，一切都会变好的。

一丝希望——极度微小的一丝——出现在我看似不可能的处境之中。虽然在耶鲁开学第一周我已经是班里最后一位，但教授的规定也许可以救我。如果不及格的学生在期末考试时考出好成绩，那么这个成绩将占学期总成绩的大部分。这样看来，这是我能够通过化学考试的最后机会了。

可是都晚上10点了，我已经筋疲力尽。我摇着头，知道从现在到明天早上，凭我的能力恐怕是无法创造奇迹了。

"本，你得努力，"我大声对自己说，"你得尽最大努力！"

我花了两个小时细心阅读那厚厚的化学教科书，背着公式和方程式，希望有所帮助。无论是什么样的考试，我决心努力地做到最好。我会不及格，但至少我要争取较高的分数。

我在纸上胡乱地写着公式，强迫自己记忆那些完全看不懂的内容。在我内心里，我是知道为什么会考砸的。功课其实没有那么难，事实是它是一门基础课。即使我的高中成绩很了得，我还真没学会如何学习。整个高中生涯，我在学习上都是用的老一套——整个学期都在浪费时间，期末考试前再临阵磨枪。

到了深夜，书上的字开始变得模糊了，我的脑子再也装不进任何东西。我翻身躺到床上，在黑暗里轻轻细语，"上帝，对不起。请原谅我让您和我自己失望。"然后我睡着了。

我睡着后做了一个怪梦。早上我醒来后，还隐隐约约地觉得那梦的真实。在梦里，我坐在化学课的课堂上，一个人。教室门开了，一个模糊的人影走进来，到黑板前停下，开始解化学题。我把他写的全记录了下来。

当我醒过来，我记得大部分的问题，于是，在它们从我的记忆中消失前，我急忙写下来。有几道题的答案已经消失，但是我仍然记得问题是什么，我从教科书中找出了答案。这样做的时候，我心里想的是要努力解出那些在我睡梦中没有解出的题。

我梳洗，吃早餐，抱着破罐破摔的心情去了化学课讲授厅。我不知道我能不能及格，密集的填鸭式补习和绝望的感觉让我有些麻木。巨大的讲授厅里是一排排单独的可折叠的木椅，可以容纳大约1000名学生。前面的黑板面向巨大的讲台。讲台上还有一张大桌子放着投影仪，还有用于做化学展示的水槽。我的脚步声在木地板上听起来十分空洞。

教授走了进来，没说什么就开始分发考题册，我的视线追随着他。分发考题册给600名学生用了他不少时间。在我等候的时候，我注意到了阳光顺着拱形窗户上的小格子照进来，一个美好的早晨，一个挂科的好时辰。

最后，我惴惴不安地翻开了考题册，读到了第一道题，在那一瞬间，我几乎可以听到电视《曙光》里播放的震耳的旋律。事实上，我觉得我进入了梦幻岛。仓促间，我浏览了整个册子，狂喜中，确认了我刚才的发现，考试题和我在梦里看到的那个模糊人影写出的题目完全一致！

我知道第一页的所有答案。"易如反掌！"我喃喃自语着，用铅笔写出解题过程。第一页完成后我翻到下一页，第一个问题又是我在梦里看到他写过的，难以置信。

我没有停下来想这到底是怎么回事。知道正确答案使我非常兴奋，我写得很快，生怕忘记我在梦里记住的东西。临近考试结束，梦中回忆开始模糊不清，有些题我没做出来。但是，这已经足够了。我知道我会通过考试的。

"上帝，你创造了一个奇迹！"当我离开教室时我对他说，"我向你保证，我再也不会让你处于这样的境地之中了。"

我在校区里散步一个多小时，有点得意，我需要一个人待一会儿，好好想想这件事。我之前从未做过这样的梦，我认识的人中也都没人做过。这次经历颠覆了我之前在读心理学时学到的关于梦的所有知识。

只有一种解释能驱散我的疑惑，而且这个答案很简单。那位宇宙之主，掌控着星系的神，他看到了某种需要，并托梦给一个想要成为医生的贫民区小孩。

现在我确信事情就是这样，这令我很惊讶。我感到自己的渺小与卑微。最终我开始大笑，想起《圣经》之中曾记录过这样的事件，虽然很少——那种上帝给予他的臣民确定的答案和方向的事件。尽管我失败了，但是上帝原谅了我，并帮我实现了一些堪称奇迹的事情。

"很明显，你想让我成为一名医生，"我对上帝说，"我会尽我的全力成为一名医生，我要学会如何学习，我向你保证，我不会再对你做出这种事情。"

在耶鲁学习的四年时间中，我确实倒退了一点儿，但从没有到毫无准备的地步。我开始学习如何"学习"，不再专注于肤浅的、表面的材料和教授可能在期末考试出些什么题。我的目标是要全面掌握那些知识，比如化学课，我不想只知道问题的答案，我要明白每个公式的原理。从化学课开始，我把这原则用于我所有的科目。

从此，我不再质疑我能否成为一名医生。我还感觉到上帝不仅要我成为一名医生，他还有特别的事要我去做。我不确定人们是否能明白我这样说，但是我内心深处清楚地知道自己要走的路——上帝为我拣选的路。我的生命中将有奇妙的事要发生，我必须要做好我该做的事，做好各种准备，让自己就绪。

化学期末考成绩公布了，本杰明·S.卡森，97分——全班最高分！

第九章　挑战规则

　　大学期间我做过几份不同的暑期工，在高中时我就在实验室里工作过。在我11年级和12年级之间的那个暑假期间，我曾在韦恩州立大学的一个生物实验室工作。

　　在我高中毕业后，进入耶鲁大学之前的一段时间，我急需一份工作。我必须有上大学的衣服，要买书本，支付交通费用以及其他许多必须要花的钱。

　　我的高中辅导员埃尔玛·惠特丽十分了解我的困境。一天，我把我的故事倾诉出来，她认真地听着。她说：“我在福特汽车公司里有几个熟人。”当时，我坐在她桌子旁边，她打电话给福特公司总部。我清晰地记得她当时说：“喂，我们这里有个年轻的小伙子，他叫本·卡森。他十分聪明，已经获得了奖学金，他9月份要去耶鲁大学读书。现在他需要一份工作，来筹集秋季的学费。”她停下来听着，我听到她加了一句：“你们必须给他一份工作。”

　　电话另一端的人同意了。

　　我离开高中的次日，在迪尔伯恩的主要行政大楼里，我的名字出现在了福特汽车公司的雇员名单上。我在出纳处工作，这是一份我认为受尊敬的工作，或者用我妈妈的话说，是一份"高级活"，因为他们要求我每天穿白衬衣系领带。

在就业知识方面，这份工作让我懂得了一些在高中学不到的事情。人脉关系只能让我跨进门槛，而我的工作效率和质量才是真实的考验。只知道一些信息，或许有帮助，但远远不够。实际中是：关键在于你做什么工作，而不是你有哪些知识。

那个夏天我十分努力，什么工作我都做，尽管只是临时的。我下定决心要成为所有雇员中的佼佼者。

在耶鲁完成第一学年后，我得到了一份非常棒的暑期工作——担任高速公路垃圾清理组的主管。联邦政府建立了以中心城区学生为主的就业项目。这个组的任务是在底特律及其西部郊区附近的州际公路上从事垃圾的收集和装袋工作，以保持高速公路的清洁美丽。

大多数主管都会因为纪律问题感到头疼，这些城里的孩子们找各种理由不好好干活。一个会说："今天太热了。"另一个说："我昨天累坏了。"还有人说："为什么我们要做这些？人们明天又会把垃圾丢在这里，我们打扫不打扫又有谁知道呢？""为什么不干脆杀了我们？干这么重的活才给这么点钱。"

另一个主管告诉我，如果把孩子分成五六个人一组，每天让他们各装满两个塑料袋，他们就会工作得很好。

我知道这些活他们一个小时就能做完。我或许是一个过于看重结果的人，我觉得让我看着我的小组懒洋洋地干活，一天才捡12袋垃圾，这就是在浪费我的时间！我的小组每天的工作量是从100到200袋垃圾起步，高速公路的大部分路段都是我们清理的。

我带的队伍所完成的工作量震惊了市政工程部的主管们。他们问我："你们是怎么做到的？别的小组谁也做不了这么多。"

"这是我的小秘密。"我说，有点讳莫如深。如果我说太多，可能会有人出来干预，逼我改变我立下的规矩。

我只是用了个简单的方法，并没有按照标准程序做。我在这里写出这个故事，是因为我想它会说明我人生中的另一原则。就像一首几年前的流行歌曲里说的："我自有妙计。"不是说我一定要违反规则——如果在做手术时不遵守制度那将是疯狂的——但是有时候，有些制度就应当被打破或者摒弃。

举个例子，上任第四天，我对我的组员说："今天真的会非常热。"

"说这个有什么用？"他们当中的一个说道，另外几个也积极地附和。

"所以……"我说，"我来和你们做一个交易。首先，从明天开始，我们早上6点开始工作，因为那时还十分凉爽……"

"拜托，根本没有人会起那么早。"

"先听完我整个计划！"我对打断我的那个人说道。我们组是从早上7：30开始工作，一直到下午4：30，期间1小时午餐休息。"如果说你们6人全部准备好了，我们就可以6点出工，迅速地装满150袋垃圾，然后就可以自行安排接下来的时间。"在他们问我之前，我尽量把我的意思表达清楚。

"如果你们能在两小时内完工，我就可以带你们回来，这一天里剩下的时间你们就可以休息了。你们仍然可以赚到全天的工资，但必须装满150袋垃圾，不管你们用多长时间。"

我的这个办法经过反复讨论，他们知道我想要什么。尽管天气很热，在下午工作也十分辛苦，几天之后他们已经能够每天捡满100袋垃圾。他们喜欢嘲笑其他的小组，跟人家炫耀他们自己完成了多少，我想他们准备好接受新的挑战了。尽管组里的许多人认为他们的工作是低贱的，他们正在学着从工作中获得尊严。

他们同意我的安排。第二天早上他们6人全部都准备好了，他们工作很努力也很迅速。他们在两三个小时内就清扫完整段公路——同样的工作量他们之前要做一整天。

"好的，孩子们，"我数完最后一个袋子就说，"今天提早放工，回去休息。"

他们很高兴，在工作中愉快地嬉戏着。当我们在9点到达交通运输部，看到其他的小组才刚刚启程，他们高兴极了。

"你们这些家伙今天要去工作吗？"我的一个组员冲他们喊道。

"兄弟，今天外面可没有那么多垃圾，"另一个说，"超人带着他的家伙已经清理得差不多了。"

"希望你在外面别被烤焦了！"他们追着一辆开出去的卡车喊叫着。

主管们明显地知道我在干什么，因为他们看到我们回来了，有人向他们报告了我们提早出工的事情。他们什么也没说。如果他们问了，我所要做的就是为我们的工作成果提供证据。

我们不应该用那种方式完成工作，因为条例规定了具体的工作时间。但是还没有一个主管对我和我的组员提出任何的批评。重要的是，我相信他们什么都不问是因为我们的确完成了工作，并且完成得比其他组更快更好。

有些人天生喜欢工作，而有些人是被他们的母亲逼去工作的。但是，尽量迅捷并且完美地完成工作任务是我做一切事情的原则，在用药问题上也不例外。如果我们可以找到更有效的办法，只要它是合理的，并且不会伤害任何人，我们就没有必要非得循规蹈矩。有人告诉我所谓创新不外乎是用不同的方法行事。所以我的做法或许就是这么一回事——发挥创造力。

隔年的夏天，在我大学的第二年后，我又回到底特律管理我的公路小组。前一年年底，底特律交通部门的领导卡尔·西弗留话给我："明年夏天回来，我们有一份工作给你。"

然而，在1971年的夏天经济严重下滑，特别是在有着"汽车工业之都"称号的底特律。主管的职位非常抢手，因为它酬劳高。大多数学生能得到这些工作是因为他们有人脉或政治关系。当我还在纽黑文时，他们就已经提前几个月被录用了。

因为卡尔·西弗答应给我工作，圣诞假期期间我就没有对此进行确认。5月下旬我提出入职申请时，人事部门的主管告诉我："抱歉，我们已经不需要招人了。"她向我解释是因为求职的人太多可职位太少，这个我早知道了。

　　我不怪那位主管，而且我知道就算与她争论我也不能得到什么，我本该像其他人那样早一点提出申请的。

　　我相信凭借自己已经工作了几个夏天，找工作是很容易的。

　　但我错了。像无数的大学生一样，我发现自己根本找不到工作，我在街上一连搜寻了两个星期，每天早上坐上巴士去市中心，去向我路过的每一个商家求职。

　　"抱歉，没有职位了。"这句话我已经听到无数次了，有几次我还能从中感觉到对方的同情心。在其他地方，由于前来应聘的人太多，招聘的人已经累到不想重复那句话，只想我们离开。

　　在这令人沮丧的求职中，小沃德·兰德尔，是我人生中的一束光。

　　沃德是底特律的一名白人律师，他比我早二十年毕业于耶鲁。我还是学生的时候，我们在当地的校友会上认识。他喜欢我是因为我们都对古典音乐有着浓郁的兴趣。1971年暑假我求职期间，我们常常一起出来吃午饭，饭后会去听午间音乐会。大多数是去听市中心的一所教会的管风琴音乐。

　　除此之外，沃德经常邀请我和他家人一起去听各种各样的音乐会和交响乐，他还向我介绍许多底特律周边的文化娱乐项目，如果不是他，我不可能有机会接触那些，因为我没有那么多钱。他真的是一个很好的人，给予我很大的鼓励，直到今天，我依旧十分感激他。

　　为了求职，我差不多把城市走遍了，所有通常的求职方法我也都尝试过了，仍然一无所获，两手空空。看来，我得试试用我自己的办法了。

我记得在进入耶鲁之前曾接受过一个本地区的面试，当时面试我的斯坦特先生是大型广告公司——青年广告的副总裁。

起初，我试过进入他公司的人事部面试，但还是听到了同样的话："不好意思，我们没有多余的职位了。"

抛开我的自尊，我决定另辟蹊径，我登上了去行政部门的电梯。因为斯坦特先生面试过我，并给了我很棒的评语，所以我想他应该对我印象不错。但是没有预约，我就进不了他的办公室，该如何通过他的秘书这一关呢？然后我想，"闯一下，我又有什么可损失的呢？"

当斯坦特的秘书看着我时，我说："我叫本·卡森。我是耶鲁大学的学生，我想和斯坦特先生谈几分钟……"

"我看看他是否有空。"她走进他的办公室，几分钟后，斯坦特先生本人走了出来。他微笑着，我们俩四目相对，他伸出手说："我很高兴你来见我，你现在在耶鲁怎么样？"

寒暄之后，我直接说明了来意："斯坦特先生，我需要一份工作，我找工作已经找了很长一段时间了，两个星期以来，我每天都在外面跑，但却一事无成。"

"是吗？那你有没有问过这里的人事部？"

"这里也没有职位了。"我回答。

"我们这就来想办法。"斯坦特先生拿起电话输入一串号码，而我就顺便参观他的办公室。这真的和我在电视里见到的一样棒。

我没听清与他谈话的人叫什么，但我听到了他说："我让一个年轻人去你的办公室找你，他叫本·卡森，帮他找一份工作。"

仅此而已。没有严厉的命令，只是有权发号施令的大人物发出的一个简单的指示。

向斯坦特先生致谢之后，我重新回到人事部。这次是人事部主管亲自和我谈话："我们暂时不需要任何人，但我们可以让你去邮局那里帮忙。"

"怎样都好。我只是在暑假需要一份工作。"

这份工作给我带来许多乐趣，因为我需要跑遍整个城市去送信，去取包裹。

但有一个问题，这份工作并不能让我挣够在学校的花销。三周后我采取下一步行动了。我决定辞掉现在这份工作，再找一份工资高的。"别忘了，"我对自己说，"我的办法在斯坦特先生那里成功了。"我又来到交通部门找卡尔·西弗谈话。

6月快结束了，许多职位都已招满，这似乎是一次无望的尝试，但我只能放手一搏。

我直接来到西弗先生的办公室，他刚好有时间与我谈话。他听完我暑假的经历，说："本，对像你这样的小伙子来说，什么时候都有工作。"他是高速公路建筑团队的最高领导人，兼管路面清洁和维护。"现在主管的职位都满了，不过……"他顿了下，"我可以组建一个新团队，让你来做主管。"

西弗先生说到做到，这一次，凭着我另辟蹊径的方式和大胆尝试，我又得到了我原来的工作。我采用以往的管理方式来带领我的6名新部下，工作效率就像去年夏天一样。

我经常会在下班打卡时见到西弗先生，有时他也会去工地。他总会抽空与我聊天，"本，"他多次对我说，"你很优秀，我们很幸运能有你。"

有次他把手放到我肩膀上对我说："你是你自己的主人，世界上的任何事你都能做到。"我听着，这个男人的口气就像我妈妈一样，我喜欢他说的话。"本，你是个有才华的人，你什么都能做，我相信你一定会成就大业。我很高兴认识你。"

我一直都记得他所对我说过的话。

1972年的夏天，我在克莱斯勒汽车公司的生产线工作，负责组装挡泥板这一部分。我每天都会尽我最大的努力把工作做到最好。有些人可能不相信，我只工作了3个月就得到了认可和晋升。夏季末的时候，我晋升去做检验工作，负责检验跑车后窗上的百叶，我要把车从生产线开到装运处，成品车会从那里运往展示厅。我喜欢在克莱斯勒的工作，那些我所坚信不疑的经验在这里每天都可以得到验证。

这个夏天我还学到了宝贵的一课，我永远都不会忘记。我妈妈传授了许多智慧给我，但像其他孩子一样，我并不是很放在心里。现在我从我的工作中体会到了她当初说的有多么正确：工作的类型不重要，工作时间的长短也不重要，即便只是暑期工，如果你努力工作并全力以赴，你就会被认可并且一直向前。

尽管妈妈说的和我现在体会到的不太一样，但道理是一样的，"本尼，你是什么肤色真的不重要，如果你有能力，你就会被认可。因为最出色的人总会受欢迎，即使是那些对肤色有偏见的人也会认可你。努力成为最好的，把这当作一生的目标。"

现在我知道她真的是对的。

* 　* 　* 　*

大学时期，一直困扰着我的就是缺乏资金的问题。但是上帝一直眷顾我，总是供我所需。

首先，我上大二的时候手头一直很紧。然后一下子我就身无分文了，甚至连坐公车去教堂的钱都没有。不管我怎么看当时的情况，至少在接下来的几个星期内，我不能指望有什么进项。

一天我独自走在校园里，哀叹我的拮据，我没有足够的钱去买我每天需要的物品，包括最基本的牙膏和邮票。"上帝啊，"我祈祷，"请你帮助我，至少能给我去教堂的公车费。"

我漫无目的地走着走着，一抬头，却发现自己已经站在旧校园的柏特教堂门口了。我朝着停自行车的地方走去，低头一看—— 一张10美元钞票就躺在我脚前的地上。

"谢谢你，上帝！"我边说边捡起了钱，不敢相信我手上真的拿着这张钞票。

第二年，我又再次跌入经济谷底——身无分文，而且没有指望能有任何进项。我很自然地穿过校园跑到柏特教堂去找10元美金，但空手而回。

那一天，缺钱并不是唯一困扰我的事。就在前一天，我得到通知，当天在理论楼301举行的心理学期末考试补考"难到家了"。两天前我参加了考试，但是和其他学生一样，必须参加补考。

于是，当天， 我和其他150名学生一起到指定地点参加补考。

当我们拿到卷子后，教授就离开了教室。我还来不及读第一道题，就听见后面有人大声咆哮："开什么玩笑嘛！"

我看了看题目，也难以置信。这题超级难，虽然也不是完全做不出。每道题都包含了课堂上必须懂得的案例，但又是错综复杂的。我觉得就算是卓越的心理学家解这些题都会有困难。

"算了吧！"我听到一个女孩对另一个女孩这么说。"我们还是回去学习吧，我们可以说我们没有看到通知。然后，当他们再补考时，我们已经准备好了。"她的朋友同意，她们就悄悄地溜出了考场。

紧跟着，三个学生收好他们的卷子也溜了出去。开考10分钟后，礼堂里只剩下100人。很快，一半的学生都走了，然后陆续有人离开。离开的学生谁都没有交卷子。

我一边做题，一边想，怎么能期待我们知道这些破题的答案呢？稍做停顿，我瞧瞧周围，除我之外只有7个学生在答卷。

考试开始后半个小时，礼堂里只剩我一人。我也很想像其他的学生那样溜出去，但是我读了告示了，我不能撒谎说我没有呀，我向上天祈祷，帮助我能在卷子上写些东西。我专注到都没有听见向我走来的脚步声。

突然教室门在喧闹声中被打开了，打断了我所有的思路。我转过身，见到了教授。教授走向我，紧跟着她的还有《耶鲁大学时报》的摄影师，他停下拍了几张我的相片。

"这是怎么回事？"我问。

"是一个恶作剧。"教授说："我们要看看这个班谁最诚实，"她再次微笑地说，"那个人就是你。"

接下来，那教授还做了一件更好的事。她递给我一张10美元钞票。

第十章　6个小时的电话——坎迪

"他们总是叫我坎迪，"她说，"但是我的名字其实是拉希娜·瑞斯汀。"

我瞬间就被她的笑容迷住了，"很高兴见到你。"我回答道。

她是我在格罗斯·波因特乡村俱乐部见到的众多大一学生中的一个。密歇根州的许多有钱人都住在格罗斯·波因特小镇，游人们常来这里参观福特和克莱斯勒家族的故居。耶鲁当时在小镇的俱乐部里召开一个新生接待会。我和许多其他的高年级学生也来参加，对来自密歇根州的新生表示欢迎。我刚到大学报到的时候也受到了学长的欢迎，我当时很感动，所以，我总是喜欢跟那些新生见面，并帮助他们。

坎迪十分漂亮。我记得我当时心想：那真是个好看的姑娘。她身上有许多地方令我喜爱，比如充满了活力，不停和其他人交流。她也十分爱笑，和她一起聊天的时候让我感觉十分舒畅。

她身高五英尺七英寸，大概只比我矮了半英尺。头发轻柔飘逸，留着流行的黑人发型。最重要的是，我被她外向的性格所吸引。也许是因为我从小就内向少言，一见她如此的活泼友好，我便从心里爱慕着她。

在耶鲁的时候，我和她共同的朋友们经常对我说："本，你该和坎迪在一起。"后来我发现朋友们会告诉她："坎迪，你和本·卡森就是天生的一对。你们看起来很相配。"

虽然和她相遇的时候我已经上大学三年级了，但是对爱情还是毫无准备。经济上的拮据，一门心思想当医生的执着，加上对即将面临的漫长的学习和实习生活的考虑，爱情在我的脑子里还排不上位置，所以当时的我不轻易被浪漫所影响。当然也有其他的原因，我是个内向的人，很少和人约会。以前曾和一小群人出去玩过，偶尔也约约会，但是从来没有真正谈过恋爱，我自己也没打算要这么做。

开学以后，由于我和坎迪都在医科大学预科班，两个人经常见面，"你好！"我会问，"功课怎么样？"

"棒极了！"她一般会这么回答。

"能适应？"我第一次问道。

"没问题，各门功课都能拿优等。"

和她聊天的时候我想：这姑娘一定特别聪明。事实上，她的确很聪明。

当我知道她在耶鲁的交响乐队以及巴赫乐团里拉小提琴的时候，我更加惊讶了。要知道这两个乐团不是只要会玩乐器就可以进的！这些人都是顶尖的音乐家！时光流逝，我在这个名叫坎迪·瑞斯汀的姑娘身上看到了越来越多吸引人的地方。她在音乐方面的天赋和对古典音乐的喜好便成了我们在校园碰面时的话题。

但是，坎迪对我来说仅仅就是同学，一个好人，我并没有什么特别爱慕的感觉。或者当我的注意力全部集中在学习和对未来的思虑上，对于美丽并且聪明伶俐的坎迪·瑞斯汀选择了无视。

当我和坎迪聊天的次数越来越多，每次聊的时间也越来越长的时候，刚好在纽黑文市我去的教堂需要一个风琴手。

我多次对坎迪提起我们合唱团的领导奥布里·汤普金斯，因为他对我实在是很重要。我加入合唱团以后，奥布里每逢周五下午便会来接我，然后我们一起排练。我的室友拉里·哈瑞斯也是复临教派的信徒，在我读2年级的时候，他也加入了合唱团。周六晚上，奥布里经常会带我和拉里去他的家，所以，我们跟他的家人也开始熟悉。有时候他会带我们在纽黑文市到处观光。奥布里是个歌剧迷，他多次邀请我去纽约大都会歌剧院听歌剧。

"坎迪，"有一天我对她说道，"我刚刚想到一件事情，你是一位演奏家，正好我们的教堂缺一个风琴手。你认为怎么样？对这个工作感兴趣吗？工资是有的，但我不知道会给多少。"

她很干脆地回答道："好啊！我想去试试。"

我想起一件事，停顿了一下，说："奥布里定的曲目总是很难，你觉得你行吗？"

"应该没有什么我弹奏不出来的，最多多练几遍。"

然后我就和奥布里·汤普金斯提到了坎迪。"太好了！"他答道，"请她来试试吧。"

接下来的一次合唱团排练坎迪就来了，她在那台巨大的电子管风琴上演奏。她弹得很棒，单是看见她在那儿弹琴我就已经很开心了。坎迪主修的是小提琴，只要是小提琴的曲子，她都会。虽然坎迪高中时在毕业典礼上演奏过管风琴，但那以后她没有时间继续练习。她并不知道奥布里·汤普金斯定的曲目通常都很难，尤其是莫扎特的，所以她的管风琴演奏还不是很和谐。

奥布里让她弹奏了几分钟，然后亲切地说："亲爱的，为什么你不去合唱团唱歌呢？"

要是其他人的话也许会感觉自尊心受伤，但是坎迪有足够的自信来面对。"那好吧，"她说道，"我想我在风琴上面还不够专业。"

然后，坎迪就走到了我们唱歌的地方，加入了合唱。她的声音悦耳动听，她的加入也令我很开心。她为合唱团增色不少，也得到了大家的喜爱。她也喜欢和我们一起唱歌，从那以后，她就在锡安山教堂做礼拜了。

坎迪对信仰并不是很狂热，没有基督教背景，言谈中也很少涉及信仰。但是她总是能够接受新的事物，也很好学。

坎迪到我们这个教堂做礼拜之后，参加了为期半年的《圣经》课程。那时，每周我都陪她一起去听讲，我自己也因此学到了很多。同时，能和她共处，我感觉很快乐。

当坎迪后来回顾她的信仰之旅的时候，说自己似乎总有一种渴望神的感觉。复临教派的教堂给了她不一样的体验。至于原因，"是人，"她说道，"他们对我的爱带我进入了信仰。"

她的家人对于她加入了一个周六去教堂的教派感到奇怪。而后来他们不但接受了她的决定，坎迪的母亲还成了复临教派的一个热心的信徒。

* * * *

渐渐地，我和坎迪一下课就会见面，我们在校园里并肩行走，偶尔也一起去纽黑文市。

我开始越来越喜欢坎迪了。

1972年的感恩节前夕，学校招生部让我们去底特律市招新生，当然，是有报酬的。那一年我上大四，坎迪上大二。我租了一部车，剩下的钱还够我们去馆子里吃上几顿好的。一路走来，只有我和她，我们很开心。

长时间的共处使我渐渐明白，我十分地喜欢坎迪，超过了我的想象，我从来都没有如此地喜欢一个姑娘。

耶鲁让我和坎迪去面试那些SAT得分高于1200的高中毕业生。但是我们找遍了底特律中心城区所有的学校，却没有找到符合要求的学生。为了完成任务，我们只好去布卢姆菲尔德山丘和格罗斯波因特等一些比较富裕的地区试试运气，在那里，我们面试了不少想要报考耶鲁的学生，但少数族裔的学生却一个都没有。

在旅途中，坎迪去见了我的母亲和我的几个朋友，这多少耽误了我们的行程。我需要在第二天早上8点之前把车子还给租车公司。这意味着我们必须从底特律一路开车赶回去。

出发前一天下了小雪，尽管残雪消融，但天气仍十分寒冷。从十天前离开耶鲁的那个晚上开始，因为忙于工作和会见朋友，我没有睡过一个完整的觉。

要走的路大多数是单调乏味的州际高速公路，"我不知道我是否能够撑下来。"我一边说一边打了个哈欠。

她是怎么回答我的呢？我和坎迪在回忆的时候说法不一。我记得她说："本，别着急，我不会让你睡着的。"可一直以来她的睡眠时间并不比我多。而坎迪说她当时是这样跟我说的："本，别着急，你不会睡着的。"

我们在回康涅狄格的路上。那个时候高速公路限速每小时70英里，我们的速度将近90。我很疲惫，严重缺乏睡眠，那天夜里没有月亮，四周漆黑一片，我看着公路上无尽的黄色分割线，无聊透了。

车子驶入俄亥俄州时，坎迪已经在不知不觉中睡沉了。我却无法狠下心来叫醒她。离开学校的这些天，我们在一起很开心，可也都很累。我想也许我让她睡一会儿，等她睡醒了之后再由她来开车。

大概午夜一点的时候，我在80号公路上行驶，记得驶过了一个指示牌，上面写着即将到达俄亥俄州的扬斯敦。我的手轻松地放在方向盘上，车速是每小时90英里。车里的空调暖烘烘的，令人感到舒服。路上车很少，半天也看不到一辆车。我感到很轻松，一切尽在掌控之中。慢慢地，我也进入了梦乡。突然，车轮撞在高速公路中间的钢制护栏上，把我一下子震醒了，我睁开眼，前轮已经冲到路肩上。车子瞬间偏离了道路驶向另一个方向，车头灯射向深谷最黑之处。我的脚迅速松开油门，双手紧抓方向盘猛地向左边转过去。

在那短短的几秒里面，过去的一切从我的眼前闪过。我听别人说，一个人临死前，以前的一切会像慢镜头那样滑过他的脑海。这是死亡的预兆，我想到我要死了。从儿时到现在一幕一幕浮现在我的眼前。结束了，这就是结局了。我不停地想。

在那种速度下，车子应该会翻过来，但是奇怪的事情发生了，因为我方向盘打得太狠，这辆车疯狂地打转。我松开方向盘，满脑子想的只有一件事，我要死了。

瞬间车子突然停了下来，车头向前。停车的位置在车道中间靠近路肩的地方，车子没有熄火。下意识中，我用颤抖的双手把车开到了路边，正在这时，一辆18轮的大货车从刚才的车道上一下子开了过去。

我关掉车的引擎，试着平复急促的呼吸。心怦怦狂跳，"我还活着！"我不断重复着，"赞美主，我不敢相信，但是我还活着。谢谢您，我知道是您救了我们！"

坎迪一定是困极了，从出事到现在她一直没醒。我祈祷的声音吵醒了她，她睁开眼，问道："我们怎么会停在这里？车子坏了吗？"

"没事，"我说道，"回去睡你的觉去。"

我的声音里面肯定有什么不对，她说道："不要这样，本，我对我睡着的事情感到十分抱歉，我不是故意的。"

我深吸一口气，"一切都很好。"然后我在黑暗中朝她笑了笑。

"如果一切都很好的话我们怎么不往前开呢？到底发生了什么？为什么我们停下来了？"

我发动了车子。"哦，没事，休息一小会儿。"我若无其事地说，加速驶上路面。

"本，求你了。"

带着恐惧和解脱，我又把车慢慢地停在路肩上，关掉发动机。"好吧，"我深吸一口气，"刚刚我在路上睡着了……"我把经过告诉了她，说的时候，整个人还没从极度紧张中缓过来。"我以为我们要死了。"我吃力地吐出最后几个字。

坎迪挪动身体，把手伸给我，我抓住她的手。"上帝救了我们的命。我们要听从上帝的安排。"她说。

"我知道。"我说，和坎迪一样，我也确信上帝对我们的未来有所安排。

接下来的旅途中，我们两个都没有睡，一直在聊天。

坎迪突然说道："本，为什么你对我这么好，就像今天，我本该醒着陪你说话，可我却睡着了，你也不叫醒我。"

"我是个好人啊。"

"本，应该不仅如此吧。"

"哦，我喜欢善待耶鲁大学二年级的学生。"

"本，认真点。"

第一抹紫色画亮了地平线。我看着前方，双手紧握着方向盘。坎迪打破砂锅问到底的追问让我的心起了不寻常的涟漪。

"为什么？"尽管难以启齿，我还是实言相告，"我猜，"我说道，"是因为我喜欢你，我想我十分喜欢你。"

"我也十分喜欢你，本。我见过的人里面，我最喜欢的是你。"

我默默地让车子慢慢地减速，停在路边，一下子抱住坎迪并且吻了她。这是我们第一次亲吻。她也吻了我。

我们是两个十分幼稚的孩子，我们都不知道什么是约会或者是浪漫。但是我们都知道一件事情，那就是我们彼此相爱。

从那以后，我们两个再也分不开了，整天形影不离。奇怪的是，我们之间的关系没有影响到我的学业。坎迪的陪伴激励着我，使我更加努力刻苦学习。

坎迪的学业也没有受到影响。她主修三个专业：音乐、心理学以及医学预科。后来她为了花更多时间专注于音乐，就放弃了医学。在我认识的人中，坎迪是最聪明的一个，不管是什么事，她都能做得很好。

* * * *

很多医学预科学生都为毕业后报考医学院的事情所困扰。美国的医科制度要求学生先读完4年大学，再报考医学院，一旦考取，还要再经过4年的医学专业培训。

"如果我没有被医学院录取的话，"一个同学说道，"那大学这4年的时间就等于是浪费了。"

"不知道我会不会被斯坦福大学录取，"一个朋友在寄出申请书后对我说，"能被别的什么大学录取也行啊。"

另一个同学报考了别的大学，但是大家的担心都是一样的。我认为这是一种恐慌症，我很少介入这类话题，但是这种对话随处可以听到，特别是上大四的时候。

某一次，同学们忧心忡忡地谈论着，我没有参与，一个同学问我："你不担心吗？"

"不，"我回答道，"我要去密歇根大学医学院。"

"你为什么那么肯定？"

"很简单，那所大学是我爸开的。"

"你们听见了吗？"他对别人大声说道，"密歇根大学是卡森他老爸的。"

几个学生表示佩服，他们几个都来自极为富有的家庭，家里都开着大买卖。当然我仅仅是开一个玩笑，也可以说不是玩笑。作为一个基督徒，我相信上帝，我的天父。推而广之，上帝拥有密歇根大学，所以我没说谎。

但是，我没有解释给他们听。

1973年我从耶鲁大学毕业，各科成绩平均下来，还算不错。虽然算不上尖子生，但我已尽了最大的力量，所以自己十分满意。

除了开玩笑之外，我对自己能进密歇根大学医学院深信不疑。之所以申请了那一所学校是因为我深信上帝想让我成为一名医生。我的朋友们都是发一堆的学校申请书，希望其中有一所大学能够录取他们。我选择这所大学有两个理由：第一，密歇根大学就在本州，在这里读书意味着我的开支会大大减少。第二，这是一所十分有名的大学，在医学领域中是全美国数一数二的。

我也申报了其他几所大学，如约翰·霍普金斯，它是耶鲁大学的医学院，在密歇根州和韦恩州都有分院。很快，我收到了密歇根大学的录取通知书，随即撤回了其他的申请。我开始读医学院的时候，坎迪还有两年才能毕业，但是我们经常想尽办法来弥补时空的距离。我们每天都会给对方写信，到现在我们两人都还保存着几大盒子的情书。

当我们能支付得起的时候，我们会用电话聊天。有一次，我给在耶鲁的她拨电话，不知道是怎么了，我们两个谁都不想挂电话。也许是我们都十分的寂寞，也许是我们都过得十分艰难，也许是我们想在一起，无奈天各一方，只好借此倾诉衷肠。那个电话整整打了6个小时。当时我并不在乎。我爱坎迪，每一分一秒对我来说都是无价之宝。

第二天，我开始担心电话费的事情。在写给坎迪的一封信里我开玩笑道：我可能在我的医疗生涯中要一直负担这笔债务，我想知道电话公司会对我这个穷学生怎么样。

我等了很久，惧怕看到账单的那一刻。奇怪的是，等看到我的账单，我发现那6个小时的电话费并没有在里面。这笔钱我不可能已经付过。我没有这个钱，就算是付了，也不会全部付清。

我承认我没有去深究此事。后来谈起这件事的时候，我和坎迪都猜想电话公司的某些主管断定这是一条错误记录，他们准是认为不会有人能够聊6个小时的电话。

在大学毕业去医学院之前的这个夏天，我又走上了整天寻找工作的老路，进而重蹈了求职无门的覆辙。这次我在毕业之前的3个月就开始跟人联系。但是底特律正处在经济萧条之中，很多雇主都对我说："雇你？现在我们正在解雇人呢。"

当时我妈妈正在给森奈特家看孩子——森奈特先生是森奈特钢铁公司的董事长。得知我的境遇之后，妈妈对她的雇主说起了我。"他非常需要一个工作，"她说，"您有没有什么方法帮帮他呢？"

"当然可以，"他说，"我很高兴给你的儿子一份工作，让他过来吧。"

他雇用了我。我成了森奈特钢铁公司里唯一的暑期工。令我惊讶的是我的工长教我怎么操作起重机，这是一件很重要的工作，要用起重机吊起成吨的钢锭。不知道他意识到没有，操作员上下移动吊杆吊起钢锭的时候，他需要懂得物理知识，才能找到被吊杆遮挡住的吊点。钢锭被吊起时要防止左右摇摆。然后操作员驾驶吊车把钢锭运走，卸载在停在很狭窄地方的卡车里。

在这段时间里我意识到自己有一种不凡的能力，我相信这是一个神圣的礼物，那是一种非同寻常的手眼协调配合能力。我相信上帝赐予我们各种恩赐，包括他人所不具备的特殊的能力，使我们得以用它来为上帝效劳，为人类服务。这种天赋的手眼协调配合能力在外科手术中简直是无价之宝。其意义超越了手眼配合本身，包含了理解物理关系的能力，以及三维立体方式思维的能力。好的外科医生必须理解每个动作的后果，因为他们很多时候都看不见他们要开刀的部位背面的情形。

一些人拥有超出常人的身体协调能力，这些人成了奥林匹克的运动明星。另外一些人有优美的歌喉，还有一些人在语言方面有天生敏锐的听觉，或者在数学方面有特殊的天赋。我还认识一些很有亲和力的人，他们有让人感到亲如家人的能力。

由于一些原因，我有能"看"三维立体的能力。看似难以置信，其实非常简单。它只是一些我能做的事。然而，一些医生没有这种天生的能力，包括一些外科医生，从来没有学到过这个技巧。缺乏此种技能的医生往往频繁地遭遇麻烦，疲于奔命，却不会成为杰出的外科医生。

我第一次意识到这个能力是我一个在耶鲁的同学指出来的。他经常和我玩桌面足球（通常叫作手足球），虽然我从来没玩过，但是从第一局我就很快很轻松地学会了，原因就是我具备这样的能力，但当时我并没有意识到。当我在1988年初回去参观耶鲁时，我跟一个老同学聊天，他毕业后任职于耶鲁。他笑着跟我说我玩这个游戏玩得很棒。他们把好几种玩法都命名为"卡森射门法"。

我在医学院学习及其后的数年间，深切地意识到这个技能的价值。对我来说这是上帝恩赐的天赋，意义非凡，也因此有人说我有一双"恩赐妙手"。

＊　＊　＊　＊

在医学院上了第一年以后，我有了一份暑假工作，是做放射线的技术人员，工作是照X光，那也是我最后一个不忙的夏天。我很享受它，因为我学到了很多关于X光的知识、射线的工作原理，还有设备的操作技巧等。这对我此后的研究很有用处，尽管在那个时候我并没意识到。

医学院的行政部会挑选一些四年级学生，给这些人提供当讲师的机会。在上四年级的时候，我学业优异，获得了学业上的荣誉还有临床实践推荐。一度我曾经指导一年级和二年级学生的物理诊断。他们晚上会来，我们共同学习。例如，我教他们听诊心音和肺音，检查人体反射。这是一段很好的经历，这份工作还能迫使我为了教好学生而更加刻苦学习。

＊　＊　＊　＊

我并不是一开始就是班里的尖子生。我在医学院的第一年成绩中等。这也让我认识到深入学习的重要性。我以前去听课没有学到很多，老师讲课乏味时就更是如此。

对于我来说，认真学习所有课程的教科书会有回报。二年级的时候，我很少去上课。正常情况下，我早上6点起床，然后反复读教科书直到我理解了所有的概念和细节。有进取心的人记了很好的课堂笔记，然后把笔记卖给别人。我是买主之一，然后我就像读教科书那样认真研读笔记。

整个二年级，除了学习到晚上11点我很少做别的事。到了三年级，当我开始到病房工作时，我对这些知识已经了如指掌。

第十一章　约翰·霍普金斯医院

我一边看着指导教师一边想：一定有一个更容易的方法。指导教师是一位技巧熟练的神经外科医生，他知道该做什么，但是他却难以确定颅骨卵圆孔（一个在脑壳底部的洞）的位置。手术台上的女患者患有三叉神经痛的疾病，这种病会使人脸部极其疼痛。

"确定卵圆孔的位置是最难的环节。"他边说边用细长的针探测方位。

我很纠结，内心充满矛盾：你只是个刚接触神经外科的新人，你就认为自己什么都懂？别忘了，本，这些人做这类手术已经做了很多年了。

"对，没错，"我内心里另一个声音答道，"但这并不表示他们就什么都懂。"

"先不去管它，总有一天你会有机会改变世界。"

如果不是因为觉得一定有一个更简单的方法，我早就不这么纠结了。手术中用探针定位卵圆孔的方法既浪费手术时间，又不能帮助患者。

"好吧，聪明人，想出更简单的办法。"

这就是我决定做的事情。

我的外科神经学的临床学年（三年级）是在密歇根大学医学院完成的，当时我正处于外科神经学临床轮换阶段，每个轮换环节会持续一个月的时间。也就是在此期间，我听到指导老师发表评论，认为颅骨底部的那个小孔很难找到。

这个问题在我内心纠结了一段时间之后，我决定动用前一年夏天做放射线技师时认识的朋友关系。我找到他们，说出我的心事。他们对我的话十分感兴趣，并允许我进入他们的放射室，使用那里的仪器来练习。

经过几天的思考与尝试，我无意间发现了一个简单的技巧：在颅骨的前面与后面各放置一个微小的铁环，然后校准两个铁环使它们在一条线上。这样一来卵圆孔就正好在它们中间。这个技巧可以使医生们节省很多时间与精力。

我这样解释它：因为两点决定一条直线，于是我先把一个铁环放在卵圆孔所在区域的后面，再将另一个放置在脑壳前面，然后利用X光将两个铁环的位置校准成一条直线，这样卵圆孔就在两个铁环中间了。

这个过程看起来很简单，一经解释，就显而易见。只是从来没有人想到过，实际上是我也从未告诉过其他人。我并不是为了追求名利，只是想让它更加完善。

有一段时间，我问自己：我是否发现了一个无人探索的全新领域？还是想到了一个没人想过的技巧？最终，我认定我发明了一个最适合自己的方法，这才是最重要的。

我开始通过做手术去证实这种方法有多简单。经过了两个手术后，我将我的方法对神经外科学的教授们讲了，还演示给他们看。主任教授仔细地看完，缓缓地摇着头，并露出了微笑："这太难以置信了，卡森。"

我很幸运，这些教授对于我的方法并没有表现出厌恶。

刚开始我仅仅是对神经外科手术感兴趣，没想到这个领域很快地吸引了我，学习成为一种冲动。你也许已经注意到我孜孜不倦的学习习惯。我一定要知道更多，神经外科学领域的每一篇相关的文章我都一定要看。由于强烈专注的学习热情和求知欲望，不知不觉间我在所有的实习生中突显出来。

在大学的第四年，也是我第二次职位轮换，我发现我对于神经外科学的知识比实习生和新任住院医生更丰富。每当我们去查房时，按照教学程序教授会在我们检查病人的时候提问。如果没有一个住院医生知道答案，教授总会转向我说："卡森，你告诉他们。"

幸运的是，虽然我还只是医学院学生，我总能回答得上来。我为此感到激动。我不断地学习着更深的知识，现在我得到回报了。为什么不呢？如果我要做个医生，我就要尽全力做最好的医生，做最有学问的医生。

这段时间里有一些实习生和住院医生们开始把他们的职责交给我。我永远不会忘记第一次，一个住院医生对我说："卡森，你既然懂这么多，为什么不拿上这个呼叫器值班？遇到你解决不了的事情，你就叫我一声。我就在休息室里睡一下。"

当然他不应该那么做，但是他实在太疲惫了，并且我也很高兴有这个学习和实践的机会，于是欣然答应了他。不久，其他的住院医生也把他们的呼叫器和他们的病案交给我。

也许他们在占我的便宜，因为这是附加的责任，也意味着延长了我的工作时间，增加了我的工作量。但是，我热爱神经外科学，并且热衷于动手实践。所以，若是他们要求我做更多，我都会愿意接受。

我知道教授们清楚这些情况，但他们从未提及过，我当然也不会主动提出来。我喜欢做一个医学院的学生。在这里，我是第一个学会处理实际问题的学生，这使我获得了前所未有的欢乐。工作期间没有发生过任何问题，我也与实习生和住院医生们保持着良好的关系。通过所有这些额外的机会，我确信我对这个专业的喜爱远远胜过了我尝试过的其他专业。

我经常会在走过病区的时候想：我现在才是个实习生生活就这么好，那当我毕业了之后生活一定会更加美好的。我每天去查房，或是去听课，或是去手术观摩室。每天都抱着兴奋和冒险的态度，因为我知道我正在吸取着更多的经验，并磨炼着技巧。我所做的一切都将使我成为一流的神经外科医生。

读四年级时，我已经为我为期一年的实习和将来的住院实习做好了准备。

从专业角度来看，毫无疑问，我选择了正确的道路，从小我就想当一名传教士医生，后来又迷上了精神科医生。学校教学的一部分是观看各种专家讲解他们各自擅长的领域，其中神经外科专家最令我难忘。当他们展示手术前后对比图片的时候，我的心已经被他们牢牢地抓住了。"他们真令人吃惊，"我自言自语道，"这些人简直无所不能。"

当我头几次看到人的大脑，看到人类的双手在这汇聚智力、表达感情、指挥动作的中枢上面忙碌，治疗疾病时，我被这个场景给迷住了。接着，我意识到我的手已经准备好了，我能直观地看到我的手对大脑的救助，我知道我听到了上帝的召唤。所以，我决定让它变成我的职业，变为我的人生。

我职业生涯中的所有有利方面都汇集到了一起：第一，我对神经外科很感兴趣；第二，我对大脑的兴趣也越来越浓；第三，神赐予我的这双手和我的手眼协调能力，这些因素让我能够进入这个领域。当我选择神经外科的时候，这似乎是最自然的选择。

在医学院的临床学年（第三学年），我们每月轮岗一次，这使我们有机会去接触更多不同的领域。我申请并获得两次在神经外科轮换职位的机会。在这两个岗位上我都收获了荣耀。

密歇根大学有一个杰出的外科神经项目，若不是因为一个偶然的事件，我就会留在密歇根大学做实习和住院医师。我相信若是在同一个环境下完成全部医学院的学业，效果会比中途转校好很多。

一天，我偶然听到别人的谈话，这件事使我改变了原本的计划。一位导师对另一位导师说："神经外科的主任要离开了。"他没有注意到我就在旁边。

"你认为有这么严重吗？"另一个人问道。

"没错，他告诉我的，政治斗争太厉害了。"

这段偶然听到的对话使我重新考虑了我在密歇根大学的未来，人事变动会严重影响到实习医师项目的实施。调来一个临时主管，他是新人，不稳定，他也不知道自己能待多久。同时混乱和不稳定性将会影响所有的住院医生，人们会拉帮结派，人事会有大的调动。我不想纠缠其中，因为这将会严重影响到我的工作和未来。

综合以上的信息以及我对约翰·霍普金斯早已心仪很久了，我决定向约翰·霍普金斯递交申请。

1976年秋天，当我把申请表递交给霍普金斯的时候我并没有担心，因为我知道自己并不比其他人差。我取得了很好的学分，并在全国统考中取得了好成绩。难题只有一个——尽管每年平均有125个人申请，约翰·霍普金斯每年只录取2名神经外科实习医生。

在发送申请之后的几周之内，我收到了一条令人惊喜的信息：我获得了到约翰·霍普金斯面试的机会。虽然还没有被录取，但我已经离目标更近了。我知道竞争很激烈，只有少数申请人可以进入面试。

* * * *

神经外科培训项目的负责人乔治·乌得瓦赫里医生的风度马

上让我觉得安然舒适。他的办公室很宽敞，古董的装点令屋子很有品位。他讲话带有轻微的匈牙利口音，烟斗中飘出来的烟使屋子充满一种芳香的味道。他开始先问了一些问题，我能够感觉到他十分想知道这些问题的答案，并且会公正地评估推荐。

"先跟我说说你自己。"乌得瓦赫里医生饶有兴致地看着我说道。

他的态度是直截了当的，而我也十分放松。我深吸一口气，看着他的眼睛，我惧怕成为我自己吗？主啊，帮帮我，我祈祷道，如果这就是你让我做的，如果这是你为我预定的地方，那就让我回答正确，进入这所学校吧。

"约翰·霍普金斯是我的第一选择，"我开始讲道，"也是我唯一的选择，这个学期我就要在这儿实习。"

我的语气是不是太强了？我是不是太直白了？我不知道。但我在去巴尔的摩面试之前就做了一个决定。最重要的是我要做自己。不论是被接受或是被拒绝，我都要以真实的我去面对。我不想用推销自己的方式获得一份抢手的工作。

乌得瓦赫里医生先是问了问我的情况，随后就把话题转到了医学领域，"为什么你选择当医生？"他问，并将他的手放在面前的大写字台上。

"你有什么抱负，你对哪个领域最感兴趣？"

我尝试着每次都讲得思路清晰。但是在谈话当中，乌得瓦赫里忽然提及他昨天参加的一个音乐会。

"是的先生，我在那里。"我答道。

"你在？"他问，我看到他脸上出现惊讶的神情，"你很享受吗？"

"非常享受，"我答道，又加了一句，"小提琴独奏并没有我想象中的那么好。"

他身体向前倾，显得有点激动。"我也是这么觉得的，他不错，技巧不错，但——"

我不记得剩下的面试内容了，只记得我们聊了很长时间的古典音乐，或许一个小时，聊了不同的作者以及他们的曲风。我估计他没想到像我这样一个来自于底特律的黑人孩子能对古典音乐了解这么多。

面试结束后我离开了他的办公室，我想我是否让乌得瓦赫里医生偏离了面试的主题了，我不知道是不是会因此被减分。好在关于音乐的话题是他主动提起，我只是随着他说。

几年后，乌得瓦赫里医生才告诉我他当时极力把我推荐给主席龙医生。"本，"他说，"我对你的成绩，你获得的荣誉，耶鲁给你的推荐信，以及你在面试中精彩的表现都非常满意。"我相信我对于古典音乐的热爱也是一个因素，尽管这点他没有说出口。

我还记得在高中时，我花了很长时间学习古典音乐，准备将来去参加大学杯竞赛。讽刺的是当我进入大学的时候，大学杯竞赛就停办了。我曾对自己浪费了太多时间去学习那些没用的艺术而懊恼。

我从这个经验中学习到：没有什么知识是没有用处的。引用保罗说的话：（见《罗马书》8:28）我们晓得万事都互相效力，叫爱神的人得益处，就是按他旨意被召的人。

我对古典音乐的爱促使我和坎迪在一起，同时也帮助我进入了美国最好的神经外科机构。每当我们为学到某项专门的知识而刻苦时，我们所付出的努力都不会白费。起码在这件事上，我看到此前我为之努力所产生的结果。我也相信尽管我们不知道接下来会发生什么，上帝已经为每一个人的一生有一个全盘的计划，其中的细节会慢慢地实现。

接到被约翰·霍普金斯录取的通知，我心花怒放。现在我就要去心目中世界上最好的神经外科培训机构学习去了。

对于自己医学领域里主修的专业没有任何疑惑。因为我有一个好母亲，同时，我努力工作，并且相信上帝，这些都使我自信地认为我会成为一个好医生。那些我不会的我都可以学习，"其他人能做的我可以学"，我对坎迪说过几次。

也许我有一点过于自信，但我并没有骄傲自大，也绝对没有优越感。我认可别人的能力。在任何职业生涯，不论是电视修理工、音乐家，还是秘书，或者是个外科医生，我们都必须相信自己，相信我们的能力。想要做最好的自己，我们要相信："我能做任何事情，如果不能，我也知道去那里寻求帮助。"

＊　　＊　　＊　　＊

在这段日子里一切都非常美好。密歇根大学的临床工作使我获得了各种荣誉，而现在我正在等候最后也是最重要的培训阶段。

我的个人的生活更是美好。坎迪在1975年的春天毕业了，我们在7月6日结婚。当时我正处于医学院的第二和第三年之间。一直到我结婚之前，我和科蒂斯住在一起。那时他还没结婚，刚刚从海军服役4年退伍，接着就进入密歇根大学完成他的大学学业。

坎迪和我在安阿伯租了我们的公寓，她很快就在州政府的失业人员服务机构找到了一份工作。接下来的两年中，我忙着完成医学院的学业，她则一边工作，一边持家。

从安阿伯小镇搬到巴尔的摩城里，这是一件令人兴奋的事。我们在那里的日子，坎迪为康涅狄格保险总公司工作。由于她的工作并不是全职，所以，还找到了一个文书类的工作，同时又兼职卖吸尘器。后来她又在约翰·霍普金斯的一位化学教授那儿找到一个编校助理的工作。

有两年的时间，坎迪为约翰·霍普金斯的几个出版社打印书稿，并做一些编辑的工作。在这段时间里，她也充分利用我们俩都在约翰·霍普金斯工作的机会，回学校再念书。由于她是大学的雇员，又是住院医生的妻子，坎迪可以免费上学。她继续学习并获得商业硕士的学位。接着她到商业信托银行从事信托管理工作。

我在约翰·霍普金斯住院医生的岗位上努力工作。我的目标之一是与每个人保持友好融洽的关系。因为我不相信孤军奋战。

团队里的每个人都是很重要的，并且每一个人要知道他是重要的。但是有些医生有点自命不凡，这令我很不舒服。

他们懒得跟那些"一般人"——如病区的办事员或助理说话。那种态度令我难过。当我看到这样的事发生时，我很同情那些尽职的员工。我们医生没有办事员和助理们的支持是无法实现工作效率的。一开始我就有意识地结识那些所谓的"低人一等的人"，与他们交谈。毕竟我也出身贫寒，妈妈是个好老师，她教导我"人人平等"。一个人的收入或是职位，不会使得他比别人更尊贵或卑微。

一有空闲，我就会去病房区走走，去认识那些与我们一起工作的人。虽然我不是刻意如此，事实上，我却因此获益匪浅。在我做住院医生的时候，我认识了一些已经在他们的岗位上工作了25到30年的护士和职员。他们在观察和处理病人方面经验丰富，我可以从他们身上学到不少东西，他们也确实让我学到了很多。

他们能够知道病人身上发生了什么情况，而这是我做不到的。由于贴身照顾某些病人，他们可以在病人的病情明显恶化之前，发现病情的变化和病人的需要。一旦接纳了我，这些经常被忽视的工作人员会悄悄地告诉我哪些人可信，哪些人不可信。病房区里出了什么事，他们也会告诉我。有好几次，某位在病房区工作的职员，在她下班临走前会告诉我，那个病人有什么问题等。这些工作人员没有义务要告诉任何人。但是他们中的许多人都能根据病人的状况提前发现问题，特别是旧病复发或是有并发症时。他们信任我，知道我愿意聆听并且会采取行动。

也许开始时我和工作人员培养关系，是因为我想要补偿某些医生对待他们不好的态度。我知道我厌恶一些住院医生漠视护士的建议。当医生抨击护士的小错误时，我为护士难过，想要保护这些受害者。总之，因为有这些所谓"低层人员"的帮助，我才能在工作中表现优异。

今天，我跟年轻人讲话时要强调一点，"这世上没有一个人是一文不值的""如果你对他好，他就会对你好"。你在走上坡路时遇到的人和在走下坡路时遇到的人并无不同。此外，每一个人都是上帝的孩子。

我确信，成为一个成功的外科手术医生并不表示我比别人优越，而是我很幸运，因为上帝给了我可以把这件事做好的天赋。我也相信不论我拥有什么才能，我必须乐于和他人分享。

第十二章　从实习生到首席住院医生

护士毫无兴趣地看着正在朝护士站走过来的我，"什么事？"她边说边停下了手中的笔，"你来接谁的？"从她的语调中我立刻就听出她认为我只是个护工。我穿的是没有标记的绿色罩服，看不出我是个医生。

"我不是来接人的。"我看着她，微笑着，在这个楼层里，她见到的黑人都是护工。她怎么可能会想到别的可能呢？"我是新来的实习医生。"

"新来的实习医生？但是你不可能——我是说——我不是这个意思。"护士有点张口结舌，她向我道歉，想让我明白刚才的误会没有任何种族偏见的成分。

"没关系，"看着她有点下不来台，我说，"这是个误会。我是新来的，你怎么会知道我是谁呢？"

我第一次来到加护病房的时候，身上穿着我的白大褂（实习医生都称它为猴子西服），一个护士问我："你是来找乔登先生的吗？"

"不，女士，我不是来找他的。"

"你确定？"她皱着眉头问我，"今天只有他有呼吸系统治疗的任务。"

这时候我离她更近了，她看清我名牌上，在名字下面写着"实习医生"这几个字。

"啊，我非常抱歉。"她说道，我能看出她是真的很抱歉。

尽管我没说出来，但我还是很希望告诉她："这没什么，因为我发现很多人都是凭着他们以往的经验行事，你之前从未遇见过黑人实习医生，所以你就认为我是那些穿着白衣服的呼吸系统治疗师。"我再次微笑。

一些白人患者免不了会有不想要黑人医生的想法，于是这些患者就会对龙医生去说。一个女人说："我很抱歉，但是我不想要一个黑人医生。"

龙医生给出了一个标准的回答，他很平静，同时也很坚定地说："门在那里，欢迎离开，不过如果你留在这里，卡森医生就会给你看病。"

当患者抗议的时候我还不知道这些事，后来龙医生在谈到有些病人的偏见时，才笑着告诉我那些歧视别人的患者，但当他表明立场的时候他的语调中没有一点开玩笑的成分。他不允许任何有关于肤色或者种族的歧视，并且他的立场坚定不移。

当然，我知道一些人的感受，除非我麻木不仁才会没有感觉。他们的行为，他们的冷漠，甚至他们的默不作声，都能够清楚地表明他们带有偏见。每一次我都在提醒我自己，他们只是在发表他们个人的观点，并不能代表所有白人。不论这些患者的感觉多么的强烈，在他们向龙医生提抗议的时候，他们很快就明白，要是他们不住嘴，龙医生就会请他们离开。据我所知，没有一个患者离开过。

我反对种族偏见，但是说实话，我并不觉得压力有多大，我牢记妈妈的话："有些人很无知，所以你需要去教导他们。"

在我实习期间和实习之后，唯一的压力是来自于自我强加的义务感——我要做黑人青少年的模范。这些年轻人需要知道改变现状的动力来自于他们自身。他们不能指望别人帮他们，也许我不能帮上什么，但是我就是一个活生生的例子，是一个来自于所谓弱势背景的人，实际上我跟他们中的许多人没有什么不同。

当我想到黑人青年的时候，我同样想说，当我们这些属于少数种群的人都能自己站稳脚跟，不靠别人帮助，自己设法脱离困境的时候，我相信我们面临的许多种族问题都能够解决。目前我们生活的环境强调的是迅速成名，一旦我们可以摒除这种以自我为中心的价值评估系统，我们就能够在帮助别人的同时，要求自己做到最好。

我看见了一线希望。举个例子，我注意到越南人初来美国时通常要面对所有人的歧视——白人、黑人，以及西班牙人。但是他们并没有祈求别人施舍，还经常做那些最低微的工作。就算那些少数受过很好教育的人，只要有收入也不会介意从事扫地的工作。

今天很多越南人拥有房地产，或是成了企业家。这些信息是我想要让更多年轻人了解的。机会是均等的，但我们不能一开始就想做公司的副董事长。就算我们可以从这样的岗位上起步，对自己也不会有什么好处，因为我们并不知道要如何开始。所以最好从一个最适合我们的起点开始，然后再慢慢上升。

* * * *

这里还要说说我做普通外科实习生的那一年跟首席住院医生之间的冲突，否则我的故事就不完整了。这个人是从佐治亚州来的，名叫汤米。他似乎无法接受在约翰·霍普金斯有黑人实习生的事实。他从没有正面说出来，但是他不断地对我说些尖刻的评语，打断我的话，忽视我，有时候真的是特别无礼。

有一次，我们之间的冲突公开化了，当时我问他："为什么我们要给这个病人抽血？"

没等我说完，他就怒喝："因为这是我说的。"

我照着他的话去做。那天接连几次只要我提问，特别是如果我的句子开头是"为什么"，他的答案就都是："因为这是我说的。"

那天下午发生了一件与我无关的事，但是他正在气头上。从过去的经验，我知道他会生很长时间的气。他转向我开始说："我是个好人，不过——"这是他的口头禅。我很快就发现这句话显然和他的"好人"形象并不符合。

这次他真的冲着我来了。"你获得神经外科部门的提前录取，你就真以为自己很了不起了，是吗？每个人都说你有多好，但是在我看来你什么都不是。老实说，我觉得你很差劲。我告诉你，卡森，我可以轻而易举地把你赶出神经外科部门。"然后他又咆哮了好一会儿。

我看着他不说话。当他终于停止说话时，我用最冷静的声音说："你讲完了吗？"

"对！"

"很好。"我平静地回答。

我就只说了这些就够了。他停止了胡言乱语。他从没有对我做过什么，而我也不在乎他的影响力。虽然他是首席住院医生，我知道部门的负责人才有决定人去留的权力。我决定不让自己对他的挑衅回应，因为那样他就有口实了。相反的，我做我认为该做的事。从来没有人抱怨过我，所以我不担心他说些什么话。

在普通外科部门，我遇见过一些表现自大刻板的外科医生。这种现象烦恼着我，我不愿意跟这些人有什么关系。当我转到神经外科部门的时候，情况全然不同了。龙医生是这世界上最好的人，他从1973年起就担任霍普金斯神经外科部门的主任。他才应该是最有资格自大的人。因为他什么都知道，什么人都认识，而他的技术也是全世界最好的。然而他总是有时间倾听每个人的呼声，并且对待每一个人都那么好。从一开始，当我还是个低微的实习生，他总是耐心地回答我的问题。

他的身高大约是五英尺九英寸，中等身材。在我开始实习的时候，他的胡椒色的头发中夹杂着一些白发，现在他的头发几乎全是白色了。他说话的声音低沉，霍普金斯的人模仿他说话。他知道大家模仿他，由于他丰富的幽默感他也自嘲。这就是我的导师。

从我们第一次见面开始，我就敬慕他。1977年我刚到霍普金斯时，黑人很少，全职的教职员工没有一个黑人。有一位心脏外科首席住院医师，列维·华特金。另外在普通外科有两位黑人实习生，我是其中一个；另一位是马丁·格因斯，也是耶鲁大学毕业生。

普通外科的实习生较多，但是神经外科的人少。有时候霍普金斯的普通外科没有一个人进入神经外科。在我实习结束的时候，我们30个人中有5人对于进入神经外科感兴趣。当然全国各地还有125人想挤进这个项目。那一年霍普金斯只录取1人。

*　　*　　*　　*

在我完成一年的实习之后，还要面对6年的住院实习，其中1年在普通外科，5年在神经外科。因为我申请的是神经外科，根据规定我应该在普通外科住院实习2年，但是我真不想这样。我非常不喜欢普通外科，我想离开，甚至，如果别的什么地方只要1年的普通外科住院实习经验，我宁愿放弃我在霍普金斯神经外科获得住院实习的机会。

我在所有的每月轮换职位实习都获得非常好的推荐信。当时我在神经外科的轮换实习期即将届满，已经可以写信申请其他学校了。

就在这时候，龙医生叫我到他的办公室去。他说："本，作为一个实习生，你做得非常好。"

"谢谢你！"我回答道，心中很高兴听到这些话。

"本，我们注意到你在神经外科的轮换职位实习期间表现出色。所有的外科医生都对你的工作很满意。"尽管我想保持沉静，但我知道自己一定笑得咧开了嘴。

"是这样的，"他倾身向前，"我们想请你明年就加入我们的神经外科团队，你不必再做1年的普通外科实习。"

"谢谢你！"我说。觉得我的语言不足以表达我心中的感谢，他的提议是我梦寐以求的。

*　　*　　*　　*

从1978到1982年，我在约翰·霍普金斯任住院实习医生。1981年我在附属于约翰·霍普金斯的巴尔的摩市立医院做资深住院医生，那期间有一件特别令人难忘的事。救护人员带来了一个头部被棒球棒严重击伤的病人。这件事发生的时候正值美国神经外科医生协会在波士顿开会，学院里的教授大部分都去参加会议了，巴尔的摩市立医院的负责人也去了波士顿。会议期间，约翰·霍普金斯的值班教授应该负责处理全巴尔的摩市所有医院的紧急病例。

那个病人已经处于昏迷状态，病情在不断的恶化中。我自然是非常忧虑，觉得我们必须做点什么，但是我还是相对的经验不足。尽管我打了一通又一通的电话，还是找不到负责的教授。每打一次电话，我就更焦虑。最后我知道如果我不做脑叶切除术（把额叶切除后取出来），这个病人就会死亡。而我从来没做过脑叶切除术。

我该怎么办？我开始想象各种可能的障碍，例如在没有主治医生负责的情况下将病人送入手术室在医疗和法律上可能衍生的后果（在没有主治医生在场的情况下，进行这种手术是非法的）。

如果在手术进行中流血不止怎么办？我想，要是发生了其他什么我无法解决的问题怎么办？如果出了问题别人会怎么想我的行为，他们会问："你为什么做这事？"

然后我又想，如果我现在不进行手术会怎样？明显的答案是：这个人将会死亡。

当天值班的医生助理爱德·罗森魁斯特了解当时的情况。他对我说了三个字——"去做吧！"

"你是对的。"我回答他。一旦我决定去做了，心里就平静下来。我必须要做这个手术，我会尽力做到最好。

我对护士长说："把病人送到手术室去。"希望我的声音里充满信心。

爱德和我一起做手术准备。到手术开始的时候，我已经完全冷静了。我打开病人的头骨，发现他右侧的额叶和颞叶严重肿胀，已经丧失功能，我摘除了它们。这是一个大手术，也许你会想，一个人失去了脑的这一部分将如何存活？事实上脑的这部分是最可扩展的。在整个手术过程中我们没有遇到任何问题。病人几个小时之后醒来，他的神经系统完全正常，没有其他问题。

然而这件事情使我很焦虑。在手术后的几天之内，我常常担心那个患者会不会出什么状况。可能会发生其他并发症，而我可能因此而被责难。结果是没有任何负面的评语。大家都知道如果我不进行手术那个人就会死去。

* * * *

在我住院实习的日子里，最大的亮点是我第五年做的研究项目。有很长一段时间，我对脑瘤和神经肿瘤学的兴趣一直增长。虽然我想做这方面的研究，但是我们没有适合的实验动物可以用来植入脑瘤。研究人员长期以来一直相信：一旦在小型动物身上所做的实验获得一致性的结果，就可以把研究方向转为寻找治疗的方法。然后他们就可以为患病的人类提供帮助。这种寻找某些疾病的治愈方法的研究是最富成就的。

研究人员用老鼠、猴子和狗做过大量的实验，但是他们都遇到不同的问题：用狗做实验无法取得一致性的结果；用猴子做实验的费用惊人；鼠类（包括小老鼠和大老鼠）的费用够便宜，但是它们太小了无法给它们动手术。此外，它们的图像在电脑断层扫描（CT）和核磁共振扫描（MRI）的仪器上都看不清楚。

要完成我想做的研究，我面临三重挑战：

想出一种价格相对便宜的实验动物。

在这种动物身上所做的实验能够获得一致性的结果。

这种动物的体形必须大到可以扫描，可以动手术。

我的目标是以某一种动物做实验，并在相关实验结果的基础上研究脑瘤的发病原理。许多先前建立过可行模式的肿瘤专家和科研人员给我忠告："本，如果你开始研究脑瘤，你最好准备好至少在实验室里待上两年。"

当我着手开始这个研究项目时，我愿意花这么长的时间，甚至更长的时间。但是我应该用什么动物呢？虽然我起初用的是大老鼠，但它们还是太小。而且我个人更是厌恶大老鼠。也许它们唤起我住在波士顿廉价公寓的太多回忆。我很快发现大老鼠的体形条件不能满足实验，于是我开始另辟蹊径。

接下来的几周我跟很多人讨论。约翰·霍普金斯极好的一点是他们有很多的专家，对于他们自己的领域几乎无所不知。我问遍了那些科研人员，询问他们的意见："您用什么样的动物做实验？您有没有想过其他动物？"经过大量的咨询和观察之后，我有了使用新西兰白兔子的想法。这种动物完全符合我的三重标准。

霍普金斯有人向我指出吉姆·安得生博士的科研课题目前正在新西兰白兔子身上做实验。走入布雷拉克大楼的实验室是一件令人兴奋的事。在里面我看到在一个大开放区里有一个X光机，旁边有一个手术台、一个冰箱、一个恒温箱和一个深水槽。另一个较小的空间用来存放麻醉剂。我向安得生博士作了自我介绍，然后对他说："我听说你用兔子做实验。"

"是的。"他回答道，并且告诉我他已经取得用VX2导致肝脏和肾脏肿瘤的实验结果。经过一段时间，他的研究显示一致的结果。"吉姆，我正在物色一种适合进行脑瘤实验的动物，也在考虑要用兔子。你知道有哪种肿瘤可能会长在兔子的大脑里吗？"

他想了想，大声说："VX2可能会长在大脑里。"

我们谈了一会儿，我又问他："你真的认为VX2行得通吗？"

"我觉得行。如果VX2能长在其他的部位，那么它在脑部发生的几率也很高。"他停了一下又说，"如果你想做，就试试看。"

我说："我愿意试试。"

吉姆·安得生在我的研究工作上给了我极大的帮助。我们首先试用了机械解离。那就是用一个小筛子把肿瘤磨碎，就像在磨碎奶酪一样。但是它们没有长成脑瘤。第二次，我们在兔子的脑部植入块状的肿瘤，这次它们长大了。

为了要做可行性测试，我去找了麦克·科文博士，他是肿瘤学实验室的一位生化学家。他又建议我去找另一位生化学家约翰·希尔顿博士。希尔顿建议使用酶素解散连接的组织，同时不动癌细胞。经过好几个礼拜尝试用不同的酶素组合，希尔顿帮我们找到了一个最好的组合。我们很快有了一个很高的可行性结果，几乎百分之百的细胞都存活了。

接着我们让癌细胞集中起来，达到我们想要的密度。经过对实验的改进，我们用针将癌细胞植入脑部。很快，百分之百的肿瘤都成活了。这些兔子无一例外地在12—14天内就死于脑瘤，病程就像钟表那样准确。

当研究员有这样的一致性结果时，他们就可以继续研究脑瘤的生长过程。我们能够做电脑断层扫描，并且在看到肿瘤出现时变得兴奋起来。核磁共振图像是在德国发明的，在当时是一个新科技，我们这里还没有。

吉姆·安得生带了几只兔子去德国照了核磁共振的图像，能够清楚地看到肿瘤。若不是我付不起机票，我也会和他一起去德国。

然后在1982年我们使用了"正电子放射断层扫描仪"（PET），霍普金斯是全美国首批获得这个机器的机构之一。我们扫描的第一张图像就是兔子的脑瘤。经过医学期刊的报道，我们的工作获得了广泛的宣传。直到现在，在约翰·霍普金斯和其他地方仍然有许多人使用这个脑瘤实验方法。

平常像这样的研究工作要花很多年的时间完成，但在霍普金斯有这么多人与我共同努力，帮助我解决问题。因此整个实验的完成用了不到6个月。

这个研究项目使我获得了"年度最佳住院实习医生"的殊荣。这也意味着我不用在实验室里再待两年，次年就可以开始首席住院医生的实习。

我在沉静而又兴奋的状态下开始了我作为首席住院医生的工作。这是一条漫长而又艰难的路程。很长的工作时间，很久不能和坎迪在一起，读书、病人、医疗危机……更多的读书，更多的病人……我总算可以开始动手使用各种外科手术工具，并且开始学习如何以最快、最有效率的方式完成那些细腻的程序。例如，我学会如何取出脑瘤和动脉瘤。不同的动脉瘤需要不同大小的剪子，而且通常都是从一些奇怪的角度去切除。我一直练习到把整个剪切的程序变成第二天性为止。我的眼睛一看就能直觉地选出正确的剪子。

我学会矫正骨头的畸形和如何在脊椎上进行手术；我学会使用气动钻，拿在手上，在手中掂量，测试它，然后用它来切开与神经和脑组织只有毫米距离的头盖骨；我学会什么时候该切深一点，什么时候不能。

我学会做癫痫矫正手术。学会如何在靠近脑梗的部位工作。在担任首席住院医生的一年里，我学会了这些特殊的技能，将这些外科手术工具和我的眼、手、直觉结合起来，转化为治愈病患的神技。

最后我完成了实习阶段。我生命的另一章即将开始。就像以前一样，在改变人生的大事发生之前，我一点预兆都没看见。在最初阶段，这件事听起来根本就是不可能的。

第十三章　澳大利亚一年间

我没有向布莱恩特·斯托克斯解释真正的原因。我觉得，即使我没有把这件事拿出来讨论，他也是知道的。有时候我回答道："听起来是个不错的地方。"有时候我会说："谁知道呢？以后的事谁也说不好。"

"这对你来说会是个很棒的地方。"他坚持说。

每一次他提到这件事，我都会顾左右而言他，但是我真的考虑过他的提议。他所说的那些话中，最吸引我的是："比起其他的地方，在那里你能迅速地积累大量的经验。"

我不太明白他说的话，可是他确实是那样说的。布莱恩特，一位来自西澳大利亚珀斯市的高级神经外科医生，和我情趣相投。布莱恩特总是会说："你应该来澳大利亚，然后在我们的教学医院里当一名高级专科住院医生。"

我尝试了各种方法让他不再说这事。有时我会说："谢谢，但我不认为这是我想做的事。"有时我会说："你一定是在开玩笑吧。澳大利亚在地球的另一边呢，从巴尔的摩打个眼，一路钻过去才能到澳大利亚。"

他边笑边说："你也可以坐20个小时的飞机飞过去。"

我尝试用开玩笑的口气推脱："有你在那儿，谁还会用得着我或者是其他任何人呢？"

还有一个我没说出来的更深的顾虑，那就是多年来，人们告诉我：澳大利亚的种族隔离政策比南非还严重。因为我是个黑人，而且他们有一个白人至上的政策，所以我不能去那里。他难道没有意识到我是黑人吗？

我不再考虑这个主意。除了种族问题以外，从我的观点出发，我看不到去澳大利亚做一年住院实习医生对我的事业有什么实际的好处，尽管我知道这肯定会挺有趣的。

如果布莱恩特不那么坚持，我不会再想这个主意。几乎每一次我们谈话，他都会随意说上几句，比如说："你知道，你会爱上澳大利亚的。"

因为我有了另外的计划，龙医生已经告诉过我，在我的住院实习期过后，我可以留在约翰·霍普金斯的系里。他是神经外科的总负责人，也是我的导师，他对我说："我会因为你的到来而高兴。"这让我觉得这件事更有吸引力了。我想不到会有比留在霍普金斯更令人激动的事了，因为那里曾进行过很多研究。对我来说，巴尔的摩已然是宇宙的中心。

奇怪的是，虽然我早已不再想去澳大利亚的事，这个话题依旧困扰着我。好像有段时间每一次我到一个地方，我都会碰到有人用独有的澳洲口音说着："老兄，你好吗？"

打开电视机，我听到广告在说："来澳大利亚旅行，来游览考拉之国吧。"还有广播电台也在播出一个宣传澳大利亚的特别节目。

终于我问坎迪: "这到底是怎么回事? 是不是上帝想要告诉我们什么?"

"我不知道,"她回答道, "不过也许我们应该关注一下澳大利亚。"

我马上想到了一堆问题, 其中主要的一个就是白人至上政策。为了可以更多地了解这个国家, 我叫坎迪去图书馆查找关于澳大利亚的书。

第二天, 坎迪就打电话给我, "我找到了一些你想知道的关于澳大利亚的消息。"她的声音里含着一种不寻常的激动, 因此我让她马上告诉我。

"那个困扰你的白人至上的政策,"她说, "在澳大利亚的确曾经存在过, 但是在1968年已经废止了。"

我愣了一下, 这是怎么回事? "也许我们应该认真地考虑一下这个邀请,"我对她说, "也许我们真的应该去澳大利亚。"

随着我们对澳大利亚的了解越来越多, 我们要去澳大利亚的想法也越来越坚定, 很快到了跃跃欲试的地步, 接下来我们和朋友们讨论我们去澳大利亚的打算。他们出于好心, 几乎是一边倒地阻止我们这样做。其中一个说: "你们为什么会想去那样的地方呢?"

另一个说: "不要去澳大利亚, 那个地方你们会连一周都待不下去的。"

"你不应该让坎迪经受这些，对吧？"还有一个朋友问："为什么呢？她已经有过一段不愉快的经历了，去那里只会让她更糟。"

听了这位朋友的话，我忍不住微笑。他关心的事，正是我们的快乐，但也是我们小小的烦恼。坎迪现在正在孕期，在此时飞去澳大利亚似乎不是个明智的决定。问题出在1981年，当时我还是一名首席住院实习医生，坎迪怀了一对双胞胎，不幸的是在第五个月，她流产了。在接下来这一年，她又怀孕了。她的医生让她在怀孕第四个月之后就卧床休息，以防再次流产。她辞掉了工作，为了能好好照顾自己。

每当有人问到她的健康状况的时候，她都微笑着坚定地说："你是知道的，澳大利亚那边也会有合格的医生。"

虽然我们的朋友还不知道，但是我们已经决定要走了。尽管我们自己还没有意识到事情已成定局，我们已经通过了申请伊丽莎白二世医学中心旗下的查尔斯·加德纳爵士医院的正规步骤，那里是西澳大利亚最主要的教学中心，也是那里唯一的神经外科转诊中心。

两周之内，我收到了回复，他们已经接受我了。"我猜这就是我们的答案。"我对坎迪说。对于我们的澳洲之行，她似乎比我还要激动。我们定于1983年6月启程，对于这次冒险我们将全力以赴。

我们必须全力以赴，因为我们已经把所有的钱花在了单程机票上。就算我们不喜欢那里，也没法回来了。我至少要在那里当一年的专科住院医生。

有一些原因使得这次冒险显得诱人，其中一点就是金钱。在澳大利亚，我会得到不错的薪水——年薪6.5万澳元，超过我之前收入的总和。而且澳大利亚的医生医疗意外保险费只有200美元一年，我认识的一些知名的医生在美国一年要付10万到20万美元的保险金。最重要的是我们那时正十分需要钱。

虽然种族问题已经解决了，但是我和坎迪去珀斯的时候仍然有着不少的忧虑。我们不知道我们会受到怎样的接待。我们的担忧事出有因，因为我是以一位不出名的外科医生的身份进入一家新的医院。尽管坎迪说她不在乎，但是怀孕在身，一旦有事该如何解决，我们还是心里没底。

澳大利亚人热情地欢迎了我们，我们所属的复临教会让我们一下子拥有了很多朋友。到澳大利亚之后的第一个星期六，我们去了教会，在做礼拜之前我们认识了牧师和几位教会成员。在礼拜的时候牧师宣布："今天，我们迎来了一个来自美国的家庭，这一年他们都会在这里。"然后，他向成员们介绍了坎迪和我，并鼓励大家欢迎我们。

他们真的这样做了！结束之后，每个人都向我们围了过来。因为看到我的妻子是孕妇，许多妇女问道："你需要什么？"由于我们能从美国带去的行李有限，我们没有为宝宝带任何准备的东西，所以那些善良的人们开始给我们送来摇篮、毯子、婴儿车还有尿布（他们称之为尿片儿）。我们还时常收到晚餐的邀请。

医院的人都难以理解为什么我们来澳大利亚才两个星期，就认识了那么多人，还收到了络绎不绝的邀请。

有一位来澳大利亚五个月的同事问我："你们今晚要做什么？"

我告诉他我们会和某个家庭共进晚餐。这位同事知道，仅仅在几天之前另一个家庭带着我们去珀斯市郊游览风景。

"你们到底是怎么认识这么多人的？"他问我，"你们到这里才半个月。我花了好几个月才结识这么多的人。"

"因为我们来自于一个大家庭。"我回答道。

"你的意思是你们在澳大利亚有很多亲戚吗？"

"差不多吧，"我轻声地笑了，解释说，"在教会里面，我们认为我们都是上帝家庭的一员。也就是说我们把一起做礼拜的人当作自己的兄弟姐妹，当作我们的家人。教会的人都视我们如家人。"他以前从没听说过这种观念。

*　*　*　*

从我们到澳大利亚那一天起，我就喜欢上这个地方了。不仅因为这里的人，还因为这里的土地和空气。被雇用为资深住院专科医生意味着我要接管大部分的病例，我的责任心使我对澳大利亚这片土地更加喜爱和欣赏。而坎迪也融入了这个地方，她成为妮德兰交响乐团的首席小提琴手和一个专业团队里的演唱者。

我们来到澳大利亚还不满一个月的时候，有一个棘手的病例引起了我们的注意，并且转变了我在珀斯的工作方向。那位资深会诊医生将一位年轻女子诊断为患有听神经瘤，那是一种在颅骨底部生长的肿瘤，这类肿瘤会导致耳聋以及面部肌肉无力，最后导致瘫痪。这位病人还受到了频繁且极其严重的头痛的折磨。

会诊医生建议把这个肿瘤取出来，但是肿瘤太大了，所以他向病人说明他没有办法保留她任何的脑神经。

听完这位资深会诊医生的诊断报告，我问他："要是我用显微镜技术处理这个病例，你介不介意？如果成功了的话，我很可能可以保留住她的神经。"

"的确，这个做法值得一试。"他说。

他的话过于客套了，我感受到他的真实想法。我知道他是在说："你这个自以为了不起的年轻人，就去试试吧，到时候好好看看你自己失败的样子。"然而我并不怪他。

这例外科手术整整做了10个小时，中间没有休息。在完成这个手术之后，我在兴高采烈的同时也已经筋疲力尽了。我不仅把肿瘤完全取了出来，而且完整地保留了病人的脑神经。这位资深会诊医生可以告诉她，她很有可能完全康复。

这位女士在恢复后不久就怀孕了。她的宝宝出生之后，为了表示感激，她用会诊医生的名字给她的孩子命名，因为她以为是他取出了她的肿瘤，同时又保护了她的脑神经，她不知道其实是我完成这个微妙的手术的。实际上，我们的工作都是这样。在澳大利亚，资深专科住院医生在会诊医生的指导下工作。会诊医生，作为领头人，成功的手术都会归功于他，至于手术是不是他做的，则在所不论。

那里其他的工作人员当然都知道是我做的手术。

在那个外科手术之后，其他的高级会诊医生突然向我表现出无比的尊敬。他们其中的一个人不时就会过来问我："这样子吧卡森，你可不可以替我做一例手术？"因为渴望学习而且急切地想要获得更多的经验，我没有拒绝过一个病例。因此，我的工作量很大，大大超过了正常的工作量。在到达澳大利亚不到两个月的时间里，我每天做两个，也许三个开颅手术，也就是打开病人的头颅，移除血块，然后修复动脉瘤。

做这么多的手术需要很好的体力，外科医生都要在手术台前站好几个小时。因为曾在龙医生手下训练，我可以应付长时间的手术。我学到了他的技术手法和人生观，包括如何在一个个冗长乏味的小时过后，还继续进行手术，不因为疲劳而屈服。在随龙医生工作的时候，我曾十分仔细地观察过他，我亲眼看着他切除了许多脑肿瘤，这使我学到了很多。澳大利亚的神经外科医生并不知道我已经完全掌握了脑部外科手术的技能。会诊医生们越来越多地给我多于正常的资深专科住院医生的自由。因为我做得好，而且渴望获得更多经验。不久后，我做脑肿瘤手术是一个接一个，应接不暇。但是，这并不像工厂的流水线，因为每个患者都不一样，很快地我就成了这个领域的专家。

几个月后，我意识到真的要感谢上帝指引我来到澳大利亚。在澳大利亚的一年里，我在外科手术上积累了大量的经验，我的技术也因此得到了极大的磨炼，我的能力显著提升，对脑部手术驾轻就熟。不久之后，我更加相信来澳大利亚工作一年是个明智的决定。我若不是在完成实习之后马上来澳大利亚，我怎么能得到做这么多外科手术的机会呢？

我完成了许多棘手的病例，有一些绝对是惊心动魄的。我常常感谢上帝提供给我经验和锻炼。比如说，珀斯市消防队长的大脑底部前区有一个很大的肿瘤，为了把整个肿瘤取出来，而又不破坏病灶周边的主要血管，我不得不给这位男士动了三次手术。这位消防队长经历了一段艰难的过程，但最终完全康复了。

＊　＊　＊　＊

还有一件很重要的事——坎迪在1983年9月12日生下了我们的第一个儿子，默里·尼德兰·卡森（尼德兰是我们那时住的郊区的名字）。

转眼间，我在澳大利亚的工作合同到期了，坎迪和我开始收拾行李准备回家。回去之后我要做什么呢？我应该在哪里工作呢？巴尔的摩市普罗维登特医院的外科主任医生在我回去不久后便联系了我。

"本，你不会想去霍普金斯的，"他说，"来我们这里你会更好。"

普罗维登特医院专注于为黑人的医疗服务。"在霍普金斯，没有人会为你推荐任何病人，"那位外科主任医师说，"因为，那个机构有很严重的种族歧视，在那个种族歧视的机构里，你将会浪费你的才华，荒废你的事业，而且你将永远无法发展。"

我点了点头，想着，也许他是对的。

我倾听了他的意见，但是我必须自己作出决定。"谢谢你的关心，"我说，"我在霍普金斯还没有经历过对我个人的偏见，但是或许你是对的。不管怎么样，还是要我自己去弄清楚。"

"你也许会在弄清情况的过程中遇到许多拒绝和痛苦的。"他反驳道。

"或许你是对的。"我重复着，他那么想我去普罗维登特令我受宠若惊。可我知道约翰·霍普金斯才是我想去的地方。后来他换了种方式说服我："本，我们这里真的很需要有像你这样技术的医生。想想看你能为黑人们带去的好处吧。"

"我很感谢你给我的工作邀请。"我告诉他，并且我真的是这样想的。我不想令他扫兴，而且我不忍心告诉他我想要帮助每一个人——不分种族。所以我说了："让我看看接下来一年会发生什么吧。如果到时我觉得情形不对，我会考虑你的建议。"

在那之后我就没有再和他联络了。

我并不确定我从澳大利亚回到约翰·霍普金斯之后期望些什么，但是与另一个医生预测的不一样。几周之内，我有了很多推荐的病人。不久后，我有了比我想象中更多的病人。

1984年夏天我回到巴尔的摩之后，明显感到大家认可我在外科手术技术方面的能力。我常常感谢上帝。在我去澳大利亚的那一年中，我获得了大量的临床手术经验，比许多医生一生的医学经验还要多。

我回去后过了几个月，小儿神经外科的总医生因为调往布朗大学的外科主任而离职了。在那个时候，我已经做了大多数的小儿外科手术。龙医生向董事会提议让我来担任新的小儿神经外科总医生。

他告诉董事会，虽然我那时只有33岁，但是我已经拥有了广泛的经验和高超的技术。"我非常有信心，本·卡森可以胜任。"后来他告诉我那时他是这样说的。

那个"种族歧视的机构"的董事会里没有一个人反对。

当龙医生将对我的任命通知我的时候，我简直欣喜若狂！感激而又惶恐。那几天里我一直对自己说，我不敢相信这是真的！我觉得自己就像是一个梦想成真的孩子。看我，我就是那个33岁就当上了约翰·霍普金斯医院的小儿神经外科总医生的人。这件事真的在我身上发生了。

其他的人也不相信。许多来我们小儿神经外科看病的家长都是带着孩子，千里迢迢来的。当我走进病房的时候，不止一次有家长问我："卡森医生什么时候才到？"

"他就站在这儿，"我微笑着回答，"我就是卡森医生。"

看到他们尽力克制自己惊讶的表情的时候，我总是会心里暗喜（偷笑）。我想不出他们的惊讶有多少是因为我的肤色，另有多少是因为我的年龄，抑或兼而有之？

一旦我自我介绍了之后，我就跟他们坐在一起开始讨论孩子的病情。等到会诊结束后，他们才意识到我是熟悉病情的，从来没有人离开以示反对。还有一次，当我准备给一个小女孩做分流术的时候，她的奶奶问我："卡森医生，你以前做过这个手术吗？"

"不算多，"我一脸严肃地说着，"但是我很会读书，我有很多医学书籍，而且我把它们带到了手术台上。"

她情不自禁地笑了，意识到自己的问题有多好笑。

"实际上，"我开玩笑地说，"我至少做过1000例了，有时候一个星期就做300例。"我面带微笑地说，因为我不想让她感到尴尬。

然后她笑了，从我的表情中明白了我的意思，也从我的语调中明白了我还是在开玩笑。"好吧，"她说，"如果你就是卡森医生，而且在这样的职位上，你一定是合格的。"

她并没有冒犯我。我清楚她很疼爱她的孙女，希望可以放心，希望她是安全的。我认为她实际是在说："你看起来好像还没上过医学院。"这样子的对话发生过几次后，我变得很习惯，甚至期盼着看到他们的反应。

我经常从老年的黑人病患那里得到些负面的反应。他们不相信我就是小儿神经外科的总医生，或者怀疑如果我真的是，我是怎么得到这个职位的。刚开始他们用猜疑的眼光看我，好奇我这个职位是不是代表一种民族融合的象征。如果我的职位真的是那样来的话，他们一定会觉得，我大概连自己在做什么都不知道。但经过几分钟的会诊，他们就很放松，而且从他们脸上的微笑里可以看出，我被他们接纳了。

奇怪的是，反而是那些明显带有种族偏见的白人患者，更加容易沟通。我能看出他们想来想去，最后推理出来，这个人既然能做到这个职位，他一定很棒。

　　我如今已经不再需要面对这种问题了，因为我大多数的病人们在他们来之前，都知道我是谁，而且知道我的长相。现在的情形刚好相反，因为现在我在这个领域很知名，太多人说："但是我们指定让卡森医生来做这个手术，不想要其他任何人。"所以，我的手术安排在几个月之前就已经满了。

　　我有权利拒绝病人，我也必须这样做。有时，拒绝是必要的，因为我当然没法把所有的手术都做完。我还是会邀请其他的医生，看看他们是否有兴趣做哪些手术。如果当初其他外科医生不乐意让我做那些有趣的、有挑战性的手术的话，我也不能学到现在的本领。

　　在约翰·霍普金斯一年的任职时间里，我面对了一生中最具挑战性的手术之一。那个小女孩的名字叫玛瑞达，当时我无法预估她的病例对我的事业的影响会有多大。她的病例的结果对于医学专业者如何面对一个颇具争议的外科手术程序的态度，有着巨大的影响。

第十四章　一个叫玛瑞达的姑娘

"你们医院是我们唯一的希望了！"特丽·弗朗西斯科说。她努力让自己的声音保持镇定。"我们找过很多医院问过许多医生，对于我们女儿的病，他们都已经无能为力了。拜托，拜托你帮帮我们吧。"

这三年既漫长又可怕，月复一月，年复一年，恐惧已转化成绝望。她绝望，因为她的女儿正徘徊在死亡的边缘，所以弗朗西斯科太太给霍普金斯的约翰·弗里曼医生打电话求救。

1985年，当我第一次开始接触这位棕色头发、叫玛瑞达·弗朗西斯科的女孩的时候，我怎么也猜不到她对我的事业方向会有多大的影响，在她身上，我做了我的首例大脑半球切除手术。

虽然出生的时候很正常，但是玛瑞达·弗朗西斯科在18个月大的时候第一次癫痫大发作，是癫痫症的抽搐特征，我们有时也叫作大脑里的电风暴。两周之后，第二次癫痫大发作，之后她的医生对她进行抗抽搐的药物处理。

到她4岁的时候，癫痫的发作愈加频繁。突然间影响了玛瑞达的整个身体右侧，可她没有失去意识。她的癫痫发作是病灶性的，问题源自于她的左脑，而扰乱的是她右边的身体。每一次病发都使玛瑞达右边的身体更加虚弱，有时候她两小时内不能正常地说话。到我接手她的病例的时候，她一天甚至发作上百次，往往隔三分钟就发作一次，这使得她右边的身体根本无法控制。每次癫痫开始发作她右边的嘴角就会发抖，之后整个右脸开始颤抖，伴随的还有右臂和右腿抽搐，直到她整个身体的右侧不受控制地抽搐之后，身体才慢慢地松弛下来。

"她没法吃东西。"她的母亲告诉我们，而且不再让她的女儿自主进食。因为照常进食有很大的风险，会导致她窒息，所以他们开始用一个鼻饲管给她喂食。虽然发病影响的是她右边的身体，但是玛瑞达已经忘记了怎么走路，怎么说话，怎么进食，还有怎么学习，而且她对药物也产生了依赖性。就像唐·科尔伯恩发表在《华盛顿邮报》上的专业文章里所讲的，玛瑞达"只能活在不抽搐时的短暂间隔之中"。她只有在睡觉的时候才不会发病。由于病情恶化，她的父母带着她到处求医，但是得到的却是各不相同的诊断，而且不止一个医生误断她是一个智力发育迟钝的癫痫病患者。每一次弗朗西斯科一家进到一家新的诊所，看新的医生，都是怀着希望而去，带着失望而出。他们尝试各种药物、规定饮食，甚至按照一位医生的主意，让玛瑞达服用浓咖啡，每天两次，每次一杯。

"我在他们女儿身上使用过的药物多达35种，"特丽说，"有时候因为用药过多，她甚至无法认出我。"

尽管如此，弗朗西斯科夫妇还是坚决不放弃他们唯一的孩子。他们去问、去读所有他们能找到的著作。路易斯·弗朗西斯科经营着一个超市，所以他们仅仅算是有中等收入的人。但是这也无法阻止他们，"如果在地球上有任何一个地方对玛瑞达的病有一丝一毫的办法，我们就会尽百分之百的努力去找。"

在1984年的冬天，玛瑞达的父母终于知道了他们的女儿所患疾病的名称。丹佛儿童医院旗下儿童癫痫症中心的托马斯·莱利医生，经过与其他儿科神经学家的会诊后，提出了一个有可能的解释：拉斯马森脑炎，一种极其罕见的脑组织炎症。这种病的病程发展不快，但却不可逆。

莱利知道如果诊断无误的话，那么时间已经不多了。拉斯马森的发展会导致一侧身体永久性瘫痪，智力迟钝，然后就是死亡。只有脑外科手术有可能最终拯救玛瑞达。在丹佛，内科医生使用巴比妥让她处于17个小时的持续昏迷状态，由此来停止大脑活动，使得她停止发病。但是玛瑞达醒来之后，很快就又发病了。这至少让他们知道了她癫痫的病因不是由于她脑部的电波失灵，而是由于不断的恶化。此外，这也为拉斯马森脑炎的确诊提供了更多的证据。

加州大学洛杉矶分校的医学中心为玛瑞达做了进一步的诊断，加州大学洛杉矶分校医学中心是有拉斯马森脑炎的医疗经验的最近的医院。一个脑部活体检视能使病情得到进一步准确诊断。之后弗朗西斯科一家受到了最沉重的打击——"这个病是无法进行手术的，"医生告诉他们，"我们无能为力。"

如果不是因为玛瑞达顽强的父母，恐怕这就是玛瑞达的故事的结局了。特丽·弗朗西斯科核实了所有她能找到的线索，她与所有已知的癫痫病领域的专家联系。当那个人不能帮到她的时候，她会说："你知道还有其他人吗？任何可能帮到我的人都可以……"终于，有人提议她与在约翰·霍普金斯的约翰·弗里曼医生取得联系，因为他有着在癫痫症领域实至名归的声望。特丽·弗朗西斯科通过电话向小儿神经外科总医生描述了所有情况。当她说完之后，她听到了几个月来最鼓励她的话语："听起来玛瑞达最应该做的是大脑半球切除手术。"弗里曼医生说。

"真的吗？你认为——你认为你可以帮助我们吗？"她问道，在经过如此多的失望之后，她已经不敢用"治愈"这种词了。

"我认为至少有治愈的机会，"约翰说，"把她的病历、CT扫描图像还有你手上的其他所有的资料发给我。"在人们对大脑半球切除术失去好感之前，约翰在斯坦福大学读书。他虽然未进行过大脑半球切除术，但他知道两起成功案例，确信这种手术方法是有效的。

即使几乎不再有奢望，玛瑞达的母亲还是在当天就把她手上的全部病历复印并邮寄出来了。在约翰·弗里曼收到了材料之后，他认真地研究了所有信息，然后他找到了我。"本，"他说道，"我希望你可以看看这个。"他把病历递给我，等我彻底地认真看过一遍，然后他说："我有一个大脑半球切除术的程序，你可能还没听说过。"

"我听说过，"我说，"但我从来没有做过。"我是在最近浏览其他资料的时候匆匆翻看到了一些医学文献和其他关于大脑半球切除术的材料，因此略读了一下。资料里对于这种手术却并不乐观。"我相信大脑半球切除术可以挽救这个孩子。"弗里曼医生告诉我。

"老实说，你真的对这个手术这么抱有信心吗？"

"是的。"他坚定地直视着我的眼睛，"你觉得你可以为这个女孩做大脑半球切除术吗？"他问道。我在考虑如何回答的时候，他继续解释他对这种手术的信心所在。他说道，像这样的外科手术不会发生重大不良反应。

"听起来有道理。"我回答，对这个挑战提起了兴趣。但是，我不会在没有更多资料的前提下，急于做一种对我来说全新的手术，而且约翰·弗里曼也没有逼我做决定。"请允许我先研究一下相关资料之后，再给你一个确定的答复。"

从那一天，我开始阅读一些详细说明导致高并发症发生率及死亡率问题的相关文章。之后，我重复琢磨了手术过程，仔细地看过了玛瑞达的CT扫描图和病历。"约翰，我不确定，但是我认为这是可行的。让我再好好考虑一下。"

约翰和我充分交流了意见，深入研究了病历之后，给弗朗西斯科一家打了电话。我们和弗朗西斯科夫人进行了讨论，并且解释我们在考虑对玛瑞达执行一个大脑半球切除手术的想法。我们告诉她要做好手术失败的心理准备，而她对此也可以理解。

　　"请把她带到我们这里进行评估，"我说，"只有这样我们才能给你一个准确的答复。"

　　我渴望见到玛瑞达，几周之后她的父母带她来到霍普金斯医院做进一步评估的时候我也十分愉快。至今我还能回想起她可爱的样子，想起看到这个孩子时的沉重心情。当时来自丹佛的4岁的玛瑞达，常常说："我是从丹佛拉多来的。"她把丹佛和科罗拉多连成一个字了。

　　经过全面的评估，与约翰·弗里曼多次讨论，以及与其他人商议之后，我最终准备把我的决定告诉患者家属。玛瑞达的父亲已经乘飞机回去工作了，因此与我坐下谈话的是特丽·弗朗西斯科。"我乐意尝试做一次大脑半球切除术，"我告诉她，"但我也必须告诉你的是，在这之前我从来没有做过这种手术。这很重要，你必须明白——"

　　"卡森医生，只要你认为可行，怎样——怎样都可以。其他人都已经放弃了。"

　　"这是一个危险的手术。玛瑞达很可能会死在手术台上。"这话说起来不费劲，但是我能明白这对于一个母亲会有多大的伤害。尽管如此，我认为把所有负面的情况告诉她是很有必要的。"她之后的生活可能会有极大局限性，包括脑部的严重损害。"我保持声音的冷静，不希望吓着她，可我也不希望给她错误的期望。

　　弗朗西斯科夫人看着我的眼睛问："那如果我们不同意你们做这个手术，玛瑞达会怎么样？"

"她的病情会恶化，最终走向死亡。"

"似乎也没有很多选择了，对吗？如果真的有一个机会，即使是一个希望渺茫的机会——"她脸上的认真清楚地表达了下定决心时的情绪。"哦，好的，请你做这个手术吧。"

一旦他们同意做手术之后，特丽、路易斯就和他们的女儿坐下来。特丽用一个小玩偶向玛瑞达展示我会在她的脑部哪个地方开刀，甚至在玩偶上面画了线。"你最终还会剪一次短发。"

玛瑞达咯咯地笑了，她似乎挺喜欢这个主意的。

确认她的女儿已经在一个4岁孩子的理解范围内充分了解了这次手术，特丽说："亲爱的，如果你有什么想在手术之后得到的特别的东西，就告诉我。"

玛瑞达用她那双棕色的眼睛望着她的母亲："我想要再也不发病了。"

眼泪浸润了特丽的双眼。她马上紧紧抱住女儿，似乎永远也不想放开。"这也是我们想要的。"她说。

手术的前一天晚上，我走进了儿科的娱乐室。弗朗西斯科夫妇坐在一种小孩子最喜欢的游戏坑边缘。在娱乐室里，一只骑着车的小小的卡通长颈鹿在房间的另一端；玩具小货车和小汽车散在地上；有人在墙上把小动物排了队。弗朗西斯科夫人平静而愉快地向我打招呼，我对她的冷静以及她那依然明亮的双眼感到惊奇。她的平静安慰了我，我知道她心境安宁，已经做好了接受一切的准备。而玛瑞达在玩她旁边的玩具。

虽然我已经提示过手术过程中可能发生的并发症，但我还是希望他们再听一遍，确保无误。我与这对夫妻一同坐在游戏坑的旁边，仔细地，小心翼翼地对他们描述手术的每一步。

"显然，你们已经对手术中我们所要做的事有了一些了解，"我说，"因为你们已和儿科神经学医生聊过。我们预计手术约为5个小时，有很大的可能性玛瑞达会因为失血过多而在手术台上死去，还有可能她会从此瘫痪，失去说话的能力；除此之外，还有可能失血、感染，以及引发神经系统并发症的危险。但从另一个角度看，手术可能会非常成功，她可能再也不会发病了。我们无法预测会是哪一种结果，而我们也无从知道。"

"谢谢你的讲解，"弗朗西斯科夫人说，"我能理解。"

"我们还知道一件事，"我补充道，"我希望你能知道，那就是如果我们什么都不做的话，她的身体状况只会越来越糟，只能长期住院。最后的结果，就是死亡。"

她点了点头，因为情绪激动，说不出话，但我能感受到她完全理解我所说的话。"玛瑞达现在情况错综复杂，"我继续说道，"受损的部位在她身体的右侧——由左脑控制。"（大多数右撇子都是由大脑的左半球控制他们的语言和右侧身体的活动的。）"我要强调的是，"我希望他们完全明白，因此停顿了一下之后，继续说道，"最重要且最长期的风险就是，即使在完成手术后，她可能无法交流，或是她右半边身体永远瘫痪。我希望你们清楚现在面对的风险。"

"卡森医生，我们清楚，"路易斯说，"该发生的总会发生，但这是我们唯一的机会了，卡森医生。否则她还是会死的。"

在我站起身离开的时候，我对这对父母说："而现在，我有一个任务给你们。我总是会在手术之前把这个任务给每一个病人以及他们的家人。"

"请说。"特丽说道。

"我们一定尽力而为。"路易斯说。

"为此祈祷，我觉得这会有帮助的。"

"噢，好的，好的。"特丽微笑着说。

我常常跟家长们这么说，因为我真的相信。迄今为止还没有人对此提出过反对。虽然我不会和病人们聊起宗教的话题，但我喜欢提醒他们上帝的仁爱无所不在，我相信我稍稍提一下他们也就明白了。

那晚我回家的时候，有一些焦虑，因为我在想那个手术还有失败的可能性。我和龙医生谈论过这事，他告诉我他曾经做过一例大脑半球切除手术。我一步一步地跟着他，按着程序重温了一遍。放下电话我才想起，我忘了问他，他那一次的手术是否成功了。

太多事情可能会在玛瑞达的手术中发生，但在已然知道结局的多年后，我清楚上帝没有把我困在无法解决的难题中，因此我也没有担心太久。我已经接受了一个道理，那就是：面对生命垂危的病人，尽力了，不一定就能活；但不尝试，却一定会死。我们很确定，玛瑞达没有什么可以损失的了。如果我们没有进行这个手术，她必死无疑；而我们至少给了这个可爱的小女孩一个活着的机会。

最后我说："上帝啊，如果玛瑞达死了，她就是死了，但我们会知道我们已经为她尽到了我们最大的努力。"这样想着，我终于平静下来，进入了梦乡。

第十五章　我很抱歉——詹妮弗

从某种意义上来讲，这将是一例具有开创性的手术——如果我成功的话。由于大脑半球切除术后功能完全恢复的病例极为罕见，外科手术中很少将其视作一种可行的手段。

我将尽我所能并且带着两个明确的观点筹备这个手术：第一，如果我不做这个手术，玛瑞达就会因病情恶化而死；第二，我已经为这次手术尽了自己最大的努力，现在我所需要做的，就是将剩下的一切交在上帝的手中。

我需要一位助理，我求助于我们的首席住院医师内维尔·纳基博士，我是在澳大利亚那一年认识他的，他来到了霍普金斯受训，在我看来他也是才华横溢的人。

从手术一开始我们就面临了问题，导致原计划的5个小时的手术时间整整延长了　倍，我们也不得不需要更多的血液。玛瑞达的大脑严重发炎，我们触碰大脑的任何一个区域，都会导致出血。这次手术不仅烦琐耗时，其困难程度也超过了我所做过的任何一次手术。

在这个引人注目的手术的最初阶段，一切都显得十分简单。

切开头皮以后，我的助手在我止血时用一根管子抽走了玛瑞达脑部的积血，铁夹子则一个挨着一个地夹在切口的边缘，用来保持切口开放。小小的手术室十分凉爽和安静。随后我切开了第二层头皮，细小的血管密密麻麻，我忙着止血，一根吸管吸走了流出来的血液。我在玛瑞达的头骨上钻开了六个衬衫纽扣大小的洞，这些洞形成了一个半圆，从她的左耳前方开始，绕过了她的太阳穴，直到她的左耳后方。每一个洞都被注满了蜂蜡以缓冲锯所带来的冲击。随后，我用一把空气动力的锯，将那些洞连在一起，并且从切口掀起了玛瑞达头盖骨的左侧，露出她大脑的最外层。

她的大脑严重肿胀，异常坚硬，使得手术更加艰难。麻醉师随即将麻药注入她的"静脉注射管"以减轻头脑的肿胀，内维尔医生接着将一根很细的导管插到她大脑的中央以便排出多余的液体。

在度过了小心翼翼而又单调乏味的8个小时后，我逐渐推进到了玛瑞达已发炎的大脑左半球。精细的手术工具小心谨慎地，一毫米一毫米地挪动着，在剥离脑组织的同时避开那些重要的血管，并试着不去触碰或损坏那些大脑中脆弱的部分，而当我去搜索那条分隔脑组织和静脉的细微的线时，大脑底部的静脉开始大量出血，要给她的大脑做手术避开那些维持着这具小小的身体和生命的静脉血管。

手术期间，玛瑞达的失血量将近9品脱，我们给她输入的血也几乎达到她总血量的两倍了。护士从始至终都在向玛瑞达的父母汇报手术的进程。我想到了他们的等待与焦灼，又想到了上帝，我就感谢他的智慧，感谢他帮助着我，引导了我的双手。

最终我们完成了手术，玛瑞达的头骨被小心翼翼地复位，用很强的缝合线缝合好。内维尔和我退后，让手术室的技术人员把我手中的仪器拿走。我奢侈地放松着我的肩膀，转动着我的头。我、内维尔，还有其他团队成员都知道我们已经成功地取出了玛瑞达大脑的左半球。所谓的"不可能"已经被我们完成了。但是现在的状况究竟如何呢？这是我所渴望知道的。

我们不知道癫痫是否会停止发作，也无法得知玛瑞达以后还能不能行走与说话，我们只能无能为力地看着。内维尔和我后退，护士上前，掀起抗菌的罩单，麻醉师关掉测量玛瑞达生命体征的各种仪器。在撤离了呼吸机以后，她开始自主地呼吸。

我仔细地看着她，并寻找着任何有意识的动作，然而并没有找到。当她意识清醒时轻轻地动了动，护士呼唤着她的名字，但她并没有给出回应，也没有睁开眼睛。现在还早，我看了内维尔一眼，她不久就会醒来，然而真的会吗？我们无法确知。

弗朗西斯科夫妇已经在特别为手术病人的家人设置的候诊室里等了超过10个小时。他们拒绝了出去走走或是喝点饮料的建议，一直在那里祷告着期待着。这些房间以柔和的色彩装饰着，尽可能地提供候诊室所能提供的最大舒适度。杂志、书本，甚至拼图都散放在房间里，好让等候的人打发时间。有一位护士后来告诉我，从早上等到了下午，弗朗西斯科夫妇变得很安静。他们脸上忧虑的表情道出了一切。

我随着玛瑞达的轮床离开了手术室，她看起来幼小又十分脆弱，在淡绿色的床单下，她被医务人员推到了大厅，推向儿童重症监护室。轮床的杆子上挂着静脉注射瓶，在10个小时的麻醉作用之下，她的眼睛是肿胀的，并且随着大量的换血，她的身体淋巴系统的正常工作受到影响，这导致了她身体的肿胀。呼吸器的管子在她的喉咙里插了10个小时，这也让她的嘴唇肿胀得很厉害，她的脸看起来非常奇怪。

弗朗西斯科夫妇注意着每一个声音，一听到轮床在走廊里吱吱作响的声音，就飞奔着向我们冲了过来。"等等！"特丽轻声叫着。她的眼眶有些发红，脸色苍白。她走到轮床边，弯下腰，吻了她的女儿。

玛瑞达的眼睛睁开了一小会儿，"我爱你们，妈妈爸爸。"她说。

特丽喜悦的泪水夺眶而出，路易斯用手抹去激动的眼泪。

"她说话了！"一位护士叫道，"她说话了！"

我则仅仅是站在那里，在这不可思议的时刻，我默默地与他们分享着激动与惊喜。

我们一直期待她的复苏，然而，谁也没想到玛瑞达能够恢复得这么快。我默默地感谢着上帝，感谢他让这个美丽的小女孩恢复生命的活力。忽然，我因为惊讶屏住了呼吸，刚刚意识到他们说的话意味着什么——

玛瑞达已经睁开了她的眼睛，也认出了她的父母，她能听、能想、能说，也能回应。

我们已经摘除了她的大脑左半球，而左脑是控制着语言交流的区域。然而玛瑞达说话了！她有一点不安，躺在狭窄的轮床上，她感到不舒服，于是伸了伸她的右腿，动了动她的右手——也是由我们所切除的左脑所控制的！这个消息传遍了整个走廊，全体员工，包括病房职员和助手，都跑过来想亲眼看一看。

"真是难以置信！"

"这真是太好了？"

我甚至听见一个女人说："你们应当称颂耶和华！"

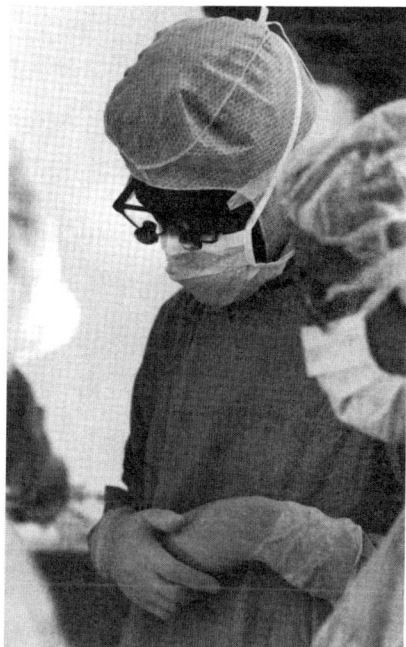

巴尔的摩，约翰·霍普金斯医院，本杰明·卡森医生在施行一例脑部手术前抄手静立。这例手术使他在国际上声名大噪

* * * *

　　手术的成功对玛瑞达和她的家人非常重要，但是对我而言那并没有什么特别的新闻价值，虽然这是一个突破性的事件。我认为这是早晚的事，如果我没有成功，总有一天另一个神经外科医生也会成功的。其他人似乎认为这是个大新闻，记者们蜂拥而至，他们打来电话，索要照片并要求采访。《华盛顿邮报》的堂·科尔佰思来采访我，写了一篇冗长但十分准确的文章，先介绍了手术情况，然后介绍了病患的家庭。《晚间电视节目》杂志制作了一部关于大脑半球切除术的两集系列片。

　　后来玛瑞达感染病菌，我们就立刻使用抗生素。她则继续恢复，状态十分不错，从1985年8月的手术之后，玛瑞达·弗朗西斯科的愿望达成了——她已经不再发作癫痫。然而，她的右手手指在精细动作上尚欠协调，走路也有点一瘸一拐。不过，她在手术前跛脚要更严重。如今，她正在上舞蹈课。

　　玛瑞达康复后上了菲尔·多纳休的脱口秀节目。节目的制作者也邀请了我，但我拒绝了。有以下几个原因：首先，我担心我所传递的形象。我不想当名人或是被称作上镜医生；其次，我意识到在影视圈被认可，被仰慕的微妙之处——如果你常常听到太多溢美之词，不论你多么努力地拒绝，你都会渐渐相信，并由此沾沾自喜；再次，虽然我已经完成了神经外科医生认证的笔试，但我还没有参加医学委员会的口试。参加口试的时候，候选人要坐在一个神经外科医生组成的委员会面前，接受他们长达一天的提问，任何与专业相关的问题都会问到。我的常识告诉我，他们未必喜欢一个被媒体炒作的人。我认为若是我接受了邀请，那我所失去的比得到的更多，所以我拒绝了；最后，我不想激起来自其他专业人员的嫉妒，我不想听到我的同事说："哎，那个人认为他是世界上最伟大的医生。"一些很好的医生在被媒体曝光后都有过这样的遭遇。

由于约翰·弗里曼也参与了手术，因此我与他谈起公开露面的事。约翰比较年长，是一位全职教授，又是我非常尊重的人。"约翰，"我说，"没有人能对你做什么，那些嫉妒你的医生怎么想也碍不着你。你已获得了应得的声誉，已经十分受人尊敬。所以，你为什么不去？"

约翰并没有因为要在电视上亮相而兴奋，他非常理解我的想法。"好吧，本。"他说。于是他上了菲尔·多纳休的节目，讲述了大脑半球切除术是怎样操作的。

尽管这是我第一次接触媒体，我倾向于回避某些类型的报道，无论是在电视、广播，还是书面上的。每次我接到采访的预约，在做决定之前我都要仔细思考这是否是值得的。"采访的目的是什么？"这是我想要知道的主要问题。如果是为了宣传我或是为了提供家庭娱乐，那么我会告诉他们，我不想与这扯上任何关系。

* * * *

玛瑞达在她大脑的左半球缺失的情况下仍然可以正常生活，这与我们称为"可塑性"的现象有关。我们知道，大脑的两个半球并不像我们曾经认为的那样各司其职，泾渭分明。虽然它们各有独特的功能，一半主要负责语言，另一半主要负责其他艺术能力。但是儿童的大脑有一个相当大的重叠。在可塑性方面，大脑的某一组细胞在大脑中接管了另一组细胞。没有人能确切地了解这一切是如何运作的。

我的理论获得了其他几位同仁的赞同，我认为当人们出生时，脑组织中部分未分化的细胞还没有发育成应有的状态，或者用我的话说它们还没有长大。当那些已经分化了的细胞发生病变时，这些未定义的细胞就会发生变异，从而取代那些受损的组织，接管其功能。随着年龄的增长，这种可变异细胞越来越少，但仍然有一定的功能。

当孩子长到10或12岁时，大部分的未分化细胞已经分化完毕，各司其职，它们也不再能通过变异从而具备大脑另一半球的功能。这就是为什么可塑性只适用于儿童。

然而，我不仅仅要看病人的年龄，还要考虑疾病的"病龄"。例如，我给21岁的克里斯蒂娜·哈钦斯做了大脑半球切除术，为了治疗她的重症癫痫。

克里斯蒂娜的癫痫从她7岁时就开始发作了，进展缓慢，我的推论是正确的，我认为她的大脑是从她7岁开始慢慢地遭受损毁的，可能是受损部位的许多功能在这个过程中已被转移到其他领域了，所以虽然她的年龄比我其他病人要大，我们还是给她做了大脑半球切除术。

克里斯蒂娜现在回到学校，平均成绩3.5。

在我的22个患者中有21位是女性，我无法解释这一事实。从理论上讲，脑部肿瘤发生在女性身上的几率不应该比男性更高。我认为这纯属巧合，随着时间的推移这个比例会趋于平衡。

凯萝儿·詹姆斯是我的助理，也是我的得力助手，经常对我说："这是因为女性只需要一半的大脑就可以和男性的思考能力一样，这就是为什么你可以给这么多女性做这个手术。"

* * * *

我估计，95%的儿童大脑半球切除术可以使癫痫不再发作。另外的5%的人只是偶尔发作。手术后超过95%的患者在智力方面有所改善。因为他们不再受到癫痫无休止的困扰，也不用再不断地服用大量的药物。我想说的是，百分之百的病患家长都很高兴。当然，父母很高兴，也使得我们心情舒畅。

如今，大脑半球切除术已经变得越来越被人们所接受，其他的医院也开始进行这样的手术。例如，据我所知，直到1988年底，加州大学洛杉矶分校的外科医生至少做了6例这样的手术，但我所做的则比其他人更多。

　　我们在霍普金斯所做的手术之所以有着很高的成功率，主要原因是与我们一起工作的小儿神经学和神经外科的医生们彼此配合得很好，我们是一支合作紧密的团队。跟我在澳大利亚看到的情况恰恰相反，在霍普金斯我们并不需要依靠一位巨星。在澳大利亚一年中，我注意到一些资深医生对别人的成功没有兴趣。因此，他们手下的医生们也没有尽力的动机。

　　我也要称赞我们儿童重症监护室的合作努力。事实上，这种归属感普遍存在于我们团队的每一个成员，包括我们的办公室职员。我们是朋友，我们一起努力工作，致力于减轻病人的痛苦，同时，对于团队成员的困难，也能感同身受。

　　我们是一个团队，本·卡森则只是团队中的一个成员。

＊　＊　＊　＊

　　在我所做过的所有大脑半球切除术的病人当中，只有一位死亡。从那以后，我大约又做了30例这样的手术。在我所做的手术中，最小的孩子是3个月大的凯莉·乔伊思。她的手术过程还算顺利，但在大出血之后由于缺乏血小板而导致贫血症。这个缺陷影响了剩余的好的半球。在这个问题控制住以后，她开始恢复，癫痫也不再发作。

　　对我而言，最痛苦的经历莫过于那次詹妮弗的手术。

　　我们第一次给她手术时她只有5个月大。詹妮弗的癫痫发作得十分严重，她可怜的妈妈也几乎崩溃了。詹妮弗的首次癫痫发作在她出生的几天之后就开始了。

后来我们给她做了脑电图、CT扫描、核磁共振成像和其他常规检测，我们发现大部分的异常活动似乎来自于詹妮弗大脑右半球的后部。在认真分析了她的各方面情况后，我决定只对大脑右半球的后半部分进行切除。

手术是成功的，她恢复得很快，癫痫发作的频率也明显减少。她开始回应我们的声音，她的意识也越来越清晰。就这样持续了一段时间。

随后，癫痫又开始发作。1987年7月2日，我带她进入手术室，彻底切除了她大脑的右半球。手术很顺利，没有出现任何的问题。小詹妮弗在手术后醒来，她的全身都能动。

詹妮弗的手术仅仅持续了8个小时，远远少于其他人的手术时间。但我认为，因为她只有11个月大，我在手术过程中花费了比平时更多的精力。当我离开手术室的那一刹，我已经精疲力竭了——对我而言这是不正常的现象。

做完手术，我很快动身回家，35分钟的车程。在离家还有两英里时，我的寻呼机响了。尽管可能发生紧急情况的病例有很多，但凭着直觉，我知道詹妮弗出了事。我呻吟着："哦，不，不要是那个孩子！"

因为我已离家很近，我匆忙赶回家然后打电话给医院。护士长告诉我："你离开不久后，詹妮弗心跳停止，现在他们正在抢救。"我匆匆跟坎迪说了说情况，就开车往回赶，只用了不到20分钟。

当我到达时，救护团队仍然在试图拯救她。我加入了他们的行列，我们继续尽我们所能，试图把她拉回来。上帝，求求你，请别让她死。

一个半小时后，我看着护士，她的眼睛诉说着我已经知道的事实，"她已经不会再回来了。"我说道。

我强忍住泪水。立即转身匆匆地奔向家长休息室，她的父母正在那里等消息。他们惊恐的视线与我的目光交汇了。"我很抱歉——"我就只能说这么多。这是我成人之后第一次在公开场合哭泣。面对这对痛失爱女的夫妇，我很难过。詹妮弗短短11个月的生命让他们经历了如同过山车一般的历程——担心、信心、绝望、乐观、希望，最终是无尽的悲伤。

"她是这么一个充满了斗志的孩子。"我听见自己这样告诉她的父母。"她怎么就没挺过去呢？"我们的团队也尽了最大的努力，但有时医学真的不是万能的。

看着詹妮弗父母悲伤的脸，我几乎无法承受。詹妮弗是独生女。她母亲也有着严重的健康问题，她同时在贝塞斯达的国立康复中心接受治疗。她们母女的情形让我想到，这是不是很像俗话说的，祸不单行？

夫妇俩都哭了，我们彼此尽力互相安慰着。帕蒂·曼藤医生是与我一起做这个手术的儿科神经外科医生，她也来了，和我一样为失去这个孩子感到很难受。我们都在安慰这家人的同时还要克服自己的痛苦。我不记得以前经历过如此绝望的痛苦。这种哀痛之深，仿佛一下子失去了人世间所有挚爱之人。

这家人都快崩溃了，但他们相信我们，也理解我们。我敬佩他们的勇气，他们在詹妮弗去世后继续面对生活。他们知道我们是在冒险，他们也知道大脑半球切除手术是唯一可能挽救他们女儿生命的方式。夫妇俩都很聪明，问了许多问题。他们希望能看一看病案，我们也向他们开放了。在好几个问题上，他们咨询了麻醉师。我会见了他们几次后，他们告诉我他们对我们所做的一切表示满意。

我们最终也没有发现詹妮弗的死因。手术是成功的。尸检中没有发现任何问题。她的死亡原因是一个谜。

* 　* 　* 　*

虽然我继续我的工作，但在接下来的几天里我被抑郁和痛苦笼罩着。即使在今天，当我回想起詹妮弗的死亡时，仍不免悲从中来。

作为一个外科医生，最令我难受的事情是把噩耗带给孩子的父母。既为人父，对孩子生病时父母的心情感同身受，虽然心里更加痛苦，却也爱莫能助。换做是我自己的儿子，我也会感到绝望，仿佛身在大海之中，盼望着有人能施以援手，免我沉沦，这种绝望的情绪无法言说，除非身临其境，否则不能体会。我看到很多家长来到了霍普金斯时就是带着那种绝望。

即使是现在，我也不确定自己是否已经克服了对詹妮弗死亡的伤感。每次病人死后我可能都会有着一种伤感的情绪，仿佛故去的是自己的家人。

我提醒自己，还有很多人需要帮助，如果我老是被这些失败的情绪绊住，这对他们是不公平的。

作为医生，每当手术时病患发生不测，我总是认为自己该对那样的结果负有责任。可能所有关切病人的医生都会有这样的反应。几次我被自己的思绪所折磨——如果我没有做这个手术，这些事也许就不会发生了，或者别人做了的结果可能会更好。

我也知道必须理性地对待这些事，通常令我感到宽慰的是，病人如果没能撑下来，我们至少已经做了一个勇敢的尝试去拯救他。当我回顾自己所做过的手术和在霍普金斯的工作，我就提醒着自己，如果不动手术，则会有成千上万的人因此死去。

有些人面对失败比其他人容易一些。而我，正如我所说过的，我需要成功，希望能做到最好，但我却不擅长处理失败。我很多次告诉坎迪："我猜耶和华知道我的弱点，所以他让我能经常成功。"

尽管我为了失去詹妮弗而悲伤，而且花了很多时间才走了出来。我仍不相信自己能完全脱离对病人的这种情感。我的工作是与人打交道，给人动手术，他们都是上帝创造的生命，是痛苦的人，需要帮助的同类。我给一个女孩子做手术，她的性命就在我手上，我实在做不到置身事外，尤其是，面对脆弱的生命，尚未绽放已黯然凋零，人孰能无情。

第十六章　我相信她会回来的

贝丝·厄舍6岁的时候从秋千上摔下来，头上起了一个小肿块，当时没有人把这件事放在心上。没过多久，小肿块引起了第一次的癫痫发作。只能是这个原因，起码他们是这么想的。贝丝，生于1979年，一直是一个很健康的孩子。

癫痫发作是一件可怕的事情，尤其是对未曾见过这种情况的父母来说。他们的私人医生告诉他们没有什么可担心的。贝丝看起来并没有什么问题，医生安慰他们："这可能发生在头部刚刚撞击之后，今后发作应该会停止。"

但癫痫的发作并没有停止。一个月后，贝丝的症状又一次出现。她的父母开始担心。医生给她服用了药物之后，癫痫就没再发作，她的父母也放松了下来。以为一切都安好了。然而几天后再次发生了痉挛。药物这一次没能阻止癫痫的发作，尽管有着良好的医疗护理，发病的频率还是变得越来越高。

贝丝的父亲，布莱恩·厄舍是康涅狄克大学的橄榄球助理教练。她的母亲凯西·厄舍协助经营学校体育系的基金募集俱乐部。布莱恩和凯西寻找了各种医疗讯息，在校园内外不断找人咨询，决心要找出停止他们女儿癫痫发作的方法。然而无论他们做什么，还是不能阻止发病频率的增长。

值得赞扬的是，凯西·厄舍的不懈努力。有一天在图书馆她读了一篇关于我们在霍普金斯的大脑半球切除术的文章。她当天就打电话给约翰·弗里曼博士："我想了解更多关于大脑半球切除术的事。"几分钟后，她聊起了贝丝的悲伤的故事。

1986年7月，约翰为他们安排了一个会面，他们把贝丝也带到巴尔的摩来。那天我见了他们，我们为贝丝的事谈论了很久。约翰和我查看了她的诊疗记录。当时贝丝的情况相当好，癫痫并不频繁，一周仅有10次，她聪明活泼，是个美丽的小女孩。

就如同我以前和家长谈话一样，我把可能发生的最坏的情况都先说出来，因为我相信坦言相告，能帮助他们做出明智的决定。

"我们怎么能做这个手术呢？贝丝似乎变得好些了。"凯西说。

约翰和我理解他们的不情愿，所以并不迫使他们做出决定。想想，让他们开朗乐观的孩子接受一个激进且危险的手术，这是一个可怕的决定。但她的生命岌岌可危，虽然贝丝仍处于一种看似良好的状态。这也使得她的情况与众不同。当一个孩子濒临死亡的时候，父母比较容易在挣扎后做出决定。他们通常这样说："做这个手术她可能会死。但如果不做，我们一定会失去她。手术，至少她还有一个生的机会。"然而，贝丝的父母的结论是：

"她现在的状态很好，我们最好不要对她动手术。"我们也因此没有坚持手术。

厄舍一家人回到康涅狄格州，充满着希望、犹豫和焦虑。几个星期过去了，贝丝癫痫的发作次数逐渐增加，同时，她的一部分身体机能也开始丧失。

1986年10月，贝丝一家再次回到了霍普金斯做进一步的检查。时隔3月，我发现贝丝的情况严重恶化。现在，她言语含糊不清。我们想要知道的是贝斯的语言控制半球是否能将功能转移至她好的那一半大脑。我们试图通过注射使患病的大脑半球休眠。不幸的是，这让整个大脑处于休眠状态，使得我们无法确定手术是否会彻底剥夺贝丝的语言交流能力。

我和约翰在7月份跟他们见面之后，我们都相信对于贝丝来说，大脑半球切除术是她唯一的选择。看到了病情的恶化，她的父母也开始同意去尝试一下。

在这一点上，我和约翰·弗里曼提议尽快手术，越快越好。可怜的厄舍夫妇不知道如何是好——我理解他们的困境。虽然贝丝的病情已经很明显地恶化了，至少她还活着。如果她的手术不成功，她也许会昏迷，或者全部或部分瘫痪。当然，也许她会死。

"回家再想想看，"我建议到，"必须想好你们要怎么样。"

"马上就是感恩节了，"约翰说，"享受一下天伦之乐，让她在家过个圣诞。""但是，"他轻轻地说，"在那之后请不要再拖延了。"

贝丝计划圣诞节参加学校的话剧表演，这个角色对她而言就是一切。之后她积极参加排练，但在舞台上的时候，癫痫发作了，贝丝和她的父母都吓坏了。

就在那一天，贝丝的家人决定为她进行大脑半球切除术。

1987年1月底，他们把贝丝送回霍普金斯。厄舍夫妇仍有点紧张，但他们已经决定进行手术。我们把可能会发生的一切再次解释了一遍，告诉他们贝丝可能会死亡或者瘫痪。看着他们的脸，我知道他们在努力面对手术可能带来的风险，这让我感到十分难过。

"我们必须同意，"布莱恩·厄舍最后说道，"我们知道这是她唯一的机会。"之后，我们确定了手术日期。到了那天，贝丝被推到手术室准备手术。她的父母则在祈祷与期盼中等待。

手术很顺利，没有并发症。但贝丝在手术后依然昏迷不醒。这个反应困扰着我，那天晚上我们给贝丝做了CT扫描，结果显示她的脑干是肿胀的，但这仍属正常。我试图安慰她的父母："再过两天等肿胀消下去，她可能就会好了。"

可即使我尽力安慰厄舍夫妇，但从他们脸上的表情我可以看出他们并不相信我说的话，以为我只是在安抚他们。如果他们更了解我，他们就会明白，我之所以会这么说是因为我真的相信贝丝的情况会有所改善。

凯西和布莱恩·厄舍已经开始自责，因为他们同意让自己的孩子做这种激进的外科手术。他们的反应正如我所预料，他们开始互相问："如果……会怎样？"

他们逼着自己回到贝丝出意外的那天：

"如果我当时和她在一起……"

"如果我们不让她玩秋千……"

"如果我们没有同意这个手术，也许她会恶化，或许她会死，但是我们仍然会和她在一起度过一到两年。而现在，她再也回不来了。"

他们在加护病房女儿的床边站了好几个小时，目光一直停留在贝丝的脸上。盯着她胸口小小的起伏，那台维持呼吸的仪器发出的声音回响在他们耳边。

"贝丝，贝丝，亲爱的。"

最后他们离开，泪眼在女儿的脸上扫过。

我感觉糟透了。他们没有说任何贬损我的话，也没有抱怨和指责。然而，多年来，大多数医生都学会解读这没有表达的情绪。我们也能理解病患家属的感受。我的内心深处也为小贝丝而伤心，但是我除了保持她的生命体征，等待她的大脑愈合之外，无能为力。

我和约翰都保持乐观，我们试图去安慰他们："她会回来的。贝丝有着严重的头部外伤和脑干肿胀。大部分这类病人会经历几天、几周，甚至数月不省人事，但是他们还是会醒来的。"他们想要相信我，想要相信弗里曼医生、我或者是护士所说的每一个安慰的言辞。但我仍然不认为他们真的相信我们。

尽管约翰和我相信我们告诉贝丝父母的话，然而我们也不能保证贝丝一定会醒来，一定不会就此死去。此前我们从来没有遇到过那样的情况，然而对于这种脑干的创伤，我们也无能为力。虽然还没有糟糕到她不会苏醒，然而情况就这样持续着，贝丝已经昏迷了两个星期。

我每天都检查贝丝的状况，查看她的记录，然而，每天走进病房去面对她的父母让我十分难受，他们绝望地看着我，失去了最后一丝信心。一次又一次，我不得不对他们说："尚无变化。"至少，"尚无"两个字表达了我的信心和期望。

每一名工作人员都仍然很支持，不断地给厄舍夫妇鼓励。他们看到我的忧虑也鼓励我。其他医生和护士都对我说："一切都会是好的，本。"

大家的帮助是令人鼓舞的。他们理解我，从我的沉默中，他们看得出来是什么在困扰着我。尽管他们给予乐观的安慰，但对于所有参与贝丝·厄舍治疗的人而言，这是一段艰难的日子。

贝丝终于略有改善，她不再需要呼吸机，但仍然昏迷。好消息是她已经可以离开加护病房了。

厄舍夫妇则尽可能地多花时间陪女儿，他们常常与她说话或是为她播放视频。贝丝曾经很喜欢《罗杰斯先生的邻居》这个电视节目，于是他们就为她播放罗杰斯先生的录像带。弗雷德·罗杰斯听到了这条消息甚至亲自来看望她。他站在贝丝的床边，握着她的手，和她说话，但是贝丝没有任何反应，她没有醒过来。

一天晚上，贝丝的爸爸躺在病房的床上，无法入睡。当时已经快凌晨两点了。

"爸爸，我的鼻子好痒。"

"什么？！"他哭了，从床上跳了下来。

"我的鼻子好痒。"

"贝丝说话了！贝丝说话了！"布莱恩发疯了一样跑进了走廊，他太激动啦，以至于没有意识到自己只穿着内裤。我怀疑是否有人真的关心这件事。"她的鼻子好痒！"他对护士喊道。

医护人员跑到了她的房间。贝丝静静地躺在床上，脸上挂着笑容。"我的鼻子真的很痒。"这是贝丝复苏的开始，在那之后，她的情况开始向好的方向转变。

*　　*　　*　　*

每一个接受大脑半球切除术的患者本身就是一个故事。例如，新墨西哥州13岁的丹妮丝·巴卡。丹妮丝来到我们这里时处于持续癫痫的状态。由于她连续发作了两个月，她不得不上呼吸机。不断地抽搐令她无法控制呼吸，医生给丹妮丝做了气管切开术，现在的她半身瘫痪，几个月没有说话了。

在几年前，丹妮丝还是一个完全正常的孩子。她的父母带她去了新墨西哥州所有的医疗中心检查，还去了其他地方。所有的专家得出的结论是，她的重点发作区是语言控制部分和运动皮层，是半球中两个最重要的部分。

"我们无能为力。"一个医生最后告诉她的父母。

多亏她家的一个好朋友读到了关于玛瑞达·弗朗西斯科的故

事，否则这就可能是最后的诊断结论了。她立即打电话通知丹妮丝的父母。丹妮丝的妈妈马上打电话给约翰·霍普金斯。"把丹妮丝带来，我们会评估她的状况。"我们说。

把丹妮丝从新墨西哥运到巴尔的摩也不是一件容易的事，因为丹妮丝需要使用呼吸机，这需要特殊的运输系统。但是他们做到了。

在我们评估丹妮丝时，医院里就该不该做这个大脑半球切除术产生了争论。几个神经科专家真诚地认为我们这种尝试太疯狂了。他们的意见很有道理：第一，丹妮丝年纪较大；第二，癫痫发作的部位，将导致手术执行困难，甚至不可能；第三，由于癫痫发作，她的病情严重，瘫痪对丹妮丝的肺也有影响。

其中有一位批评者做出了这样的预测："或许等不到你们给她做手术，她就可能会由于健康状况死在手术台上。"他的担心并非无稽之谈，他也真诚地表达了他的观点。

弗里曼医生、文生医生和我持反对意见。我们三个人在霍普金斯直接参与所有大脑半球切除术，我们很有经验，也有信心，我们比任何人都更了解大脑半球切除术。我们了解这次手术成功的几率。如果不进行手术，她很快就会死亡。此外，尽管她的健康状况不佳，她仍然有进行大脑半球切除术的可行性。最后，我们三人一致认为她可以进行手术。

我们和批评者开了几次会，会上我们用以前的成功案例来支持我们的论点。办公室里有个会议室，我们邀请的不仅仅是自己内部的人员。这一段时间，我们提供了所有的证据，也邀请了霍普金斯所有对这个案例感兴趣的人士来参与决策。

由于有争议，我们推迟了手术。通常我们直接就进行手术了，但此次我们面对这么多反对的声音，我们会慢一点，谨慎一点。反对方要求召开一次公开的听证会，当然，最后的发言权还在我们手上。

某位神经医学专家甚至写了一封信给神经外科的主席，还抄送了副本给外科主席、医院院长和一些其他人。他说，从他的医学观点看来，在任何情况下，霍普金斯都不应该容许这样的手术。然后他仔细解释了他的理由。

丹妮丝的病引起了不可避免的不良情绪。当这个问题变得重要的时候，争论的双方很难做到不带个人情绪。因为我相信这位评论者的诚意和他的关心是出于不愿意看到霍普金斯被牵扯到任何英雄式的冒险中，我也从未把他的观点作为针对个人的指控。虽然我能排除个人的因素，但我们团队的成员和支持我们的几个朋友的确卷入了火热的争论中。

尽管有争议，我们三个人仍坚信手术是丹妮丝获救的唯一机会。没有人禁止我们做这个手术，更高层也没有对反对的声音有任何响应。我们有权做出自己的决定，尽管如此，我们仍在犹豫，我们不想让这件事变成个人之间的矛盾，从而对整个医院同事的士气造成负面的影响。

好几天，在上下班的路上，在查房的时候，我不断祈求上帝，求他帮助我们解决这个问题。夜里，我跪在床前，求上帝告诉我该怎么办。

问题解决了，批评我们的那位专家要去国外参加为期五天的学术会议，趁他不在，我们决定手术。

我对巴卡太太，也对其他人说："如果我们什么都不做，她会死去。做了手术，她有可能会死，但至少我们有机会拯救她。"

"至少这次手术可以给她一次拼一拼的机会。"她说。孩子的家长很配合，丹妮丝的情况他们很了解，她的癫痫持续发作，病情严重恶化。我们是在和时间赛跑。

手术之后，丹妮丝又昏迷了几天，苏醒后她的癫痫不再发作，离院回家时，她已能走路了。数周之后，丹妮丝回到学校读书。

* * * *

我并没有对提出反对意见的那位先生心怀怨恨，既然他坚信不该给丹妮丝做这个手术，那么他当然有权出于对患者利益和医院利益的双重考虑而提出反对的意见。

丹妮丝的事情使我懂得：一、遇到困难，不要灰心，要相信上帝；二、胜券在握时不要怕听到反对的声音，反对者的盛名、权力等，全部无关紧要。在丹妮丝这件事上，我从未动摇过。之后的数月间，我又做了更多有争议的手术。回想起来，上帝用丹妮丝这件事教育了我，使我得以走得更远。

第十七章　4⁺级紧急情况

那位实习医生关掉手上的笔灯，在波波·华伦泰病床边打起精神，"你不觉得是时候放弃治疗这个小女孩了吗？"他向那个4岁的小孩点了一下头问我。

这是周一的早上，我正在查房。我来到波波的房间，那里的主治医生跟我说："她只有瞳孔有反应了。"（这意味着她的瞳孔还对光有反应。）通过检查她的瞳孔，医生知道，她的颅压开始上升了。尽管医生给波波用比妥酸盐来麻醉，而且给她做了过度换气，但仍然不能降低血压。

小波波是很多被车撞到的孩子中的一个——一辆卖冰激凌的卡车撞到了她。她在加护病房里昏迷了整个周末，以致她不得不戴上颅内压检测器。她的血压状况逐渐恶化，开始失去一些身体机能，例如有意识的动作和对一些刺激的反应。

在回答实习医生的问题之前，我弯下身来，翻开她的眼皮检查。她的瞳孔固定且扩张。"我以为你告诉我她的瞳孔还有反应？"我惊讶地说。

"是的，"他抗议道，"在你来之前还有反应。"

"你在告诉我这是刚发生的事吗？她的瞳孔现在才扩张？"

"一定是这样的！"

"4⁺级紧急状况！"我大声而冷静地说，"我们必须立即采取行动！"我转向站在身后的护士，"快叫手术室准备，我们马上就来！"

"4⁺级紧急状况！"她喊得比我更响亮更急促，然后匆忙沿着走廊向手术室跑去。

虽然这种情况很罕见，4⁺级，是严峻的紧急情况，唤起每个人进入行动。手术室的工作人员清理完房间后开始将各种仪器准备好，他们工作迅速并且很有效率。没有人争论，也没有人有时间去解释。两位实习医生抓住波波的床，半跑着下来，幸好预约手术室的那位病人还没开始手术，所以手术室先被我们占用了。

在前往手术室的路上，我遇到另一位资深神经外科医生，他比我年长，擅长处理外伤导致的神经损伤，所以我很尊敬他。当医务人员在准备手术的时候，我向他介绍了患者的情况和我的手术方案。

"不要这样做，"他扬长而去，"你在浪费自己的时间。"

他的态度让我很惊讶，但我并没有放在心上。波波还活着。我们还有一个机会——虽然非常小，但仍然有机会挽救她的生命。不管怎样，我还是决定做这个手术。

波波被轻轻地放置在一个蛋形弹性垫覆盖的手术台上，手术台上还覆盖着淡绿色的手术垫。几分钟后，护士和麻醉师为我做好手术的准备了。

　　我开始做颅骨切除手术。首先打开了她的颅骨，并摘除她的前部颅骨。颅骨被放在无菌溶液中。然后我打开她的硬脑膜盖。大脑的两个半球之间的区域被称为镰形内突。我打开镰形内突，使两半球可以一起交流并使她两半球的颅压达到均衡。再将一片尸体硬脑膜（从一个尸体中取的硬脑膜）与她原有的硬脑膜拼接缝好。这就给了她的大脑足够的空间去肿胀和愈合，并保护她的头骨下面的一切器官。

　　我把这个区域重新盖好，缝合了头皮，手术大约用了2个小时。在接下来的几天里，波波仍然在昏迷。操碎了心的父母坐在昏迷的孩子床前，我也能感受到他们的伤感。但我只能给他们希望，我不能保证波波的恢复。一天早上，我在她的床前停下脚步，注意到她的瞳孔开始一点点地工作。我想，或许好事将至了！

　　两天之后，波波的身体开始活动了。有时她开始伸展她的下肢或者改变她身体的姿势，像是让自己更加舒服。在接下来的一周里，她变得活泼，开始对外界有反应了。很明显，她就要痊愈了，我们带她回去再做手术，把我之前摘除的那块颅骨放回原处。不到6周，波波变回了一个活泼可爱的4岁女孩。

　　再次地，我因为没有听信反对者的意见而感到高兴。

＊　＊　＊　＊

　　从那以后，我又做了一次颅骨切除手术。那一次我同样遇到了反对。

1988年的夏天，我们有一个类似情况的病例，而10岁的查尔斯（为保护患者隐私，特将真名隐去）情况比波波还糟糕。他被车撞了。

护士长告诉我，查尔斯的瞳孔反应已经丧失并且开始扩散，这意味着我们必须采取行动。医院那天特别忙，所以我让一位资深实习医生向查尔斯的母亲解释，在我看来，我们应该立即为查尔斯采取手术。我们会切掉他的大脑的一部分作为最后的努力来拯救他的生命。"这个手术也有可能失败，"实习医生告诉她，"但是卡森医生认为这值得一试。"

那位可怜的母亲感到悲痛欲绝和震惊。"绝对不可能，"她喊道，"我不能让你这样做。你不能那样对我的儿子！让他安息吧！你们不能再折腾他了。"

"但是我们还有机会——"

"机会？我要的比机会还多，"她不停地摇着头，"让他走吧。"她的判断是合理的，当时查尔斯对于任何刺激都没有反应了。

就在三天前我们遗憾地告诉她，查尔斯的病情太严重，他可能不会痊愈，她要面对不可改变的结局。现在突然有一个人站在她的面前，要求她同意一个有着极大风险的手术，但又不能够给她保证，甚至连病情好转的承诺都给不了。

那位实习医生在跟查尔斯的母亲谈完之后，回来向我转述了患者家长的意见，于是我用了相当长的一段时间去跟那位母亲解释："我们不会让他受无谓的伤害的。"但她还是在犹豫。

"我跟你讲一个相似的故事吧，"我说，"有一个叫波波的小女孩……"当我讲完后又补充道："你看，我也不知道这个手术是否会成功，也许没有用。但是只要我们还有一线希望就要去争取，可能只是个最为渺小的希望，但是我们不能就这样放弃它，我们能吗？最坏的情况就是查尔斯死去。"

当她完全明白我的打算的时候，她说："你确定那是一个机会？有可能让查尔斯活下来？"

"这是一个机会，如果你同意做这个手术的话。没有它，就没有任何机会了。"

"在这种情况下，"她说，"当然，我想尝试一下。我只是不想你在他已经没有希望的情况下做手术。"

我们当然不会去做那样的事，我再次强调了这是唯一的机会。她马上签署了同意书，我们即刻将查尔斯推进手术室。

跟波波一样，他的手术也涉及取出颅骨的一部分，切入大脑两个半球的切割线，以及用尸体硬脑膜覆盖着肿胀的大脑，最后把头皮缝起来。

意料之中，查尔斯仍旧昏迷，一周都没有醒来。不止一位医生对我说："游戏结束了，我们在浪费时间。"

有人在神经外科会议上提出了查尔斯的案例，神经外科会议是所有神经外科医生以及在院医生每周都要参加的会议，他们在这会上讨论一些有趣的病例。之前安排了一个重要的手术，因此我不能出席这次会议，但是有几个参会的人告诉了我在会上发生的事情。

"你认为怎样？"一位参加了会议的医生问实习生。

"这是不是有点超出医生的义务范围了？"

另一位很坚定地说："我觉得这是一件非常愚蠢的事情。"

在场的其他人都同意这个观点。

有一位熟悉男孩状况的医生说："这类情况通常不会有好结局的。"

另一个人说："这病人尚未恢复，可能再也不会恢复。在我看来，做开颅手术是不合适的。"

如果我能出席，他们会如此直言不讳吗？我不确定，但这是他们真心的想法。因为7天过去了，病情仍然没有改善，他们的质疑是可以理解的。也许是因为我的固执，也可能是我内心知道这个小男孩还有一线生机。无论如何，我都不准备放弃。

第8天，一个护士注意到查尔斯的眼睑在颤动，这像是波波故事的重演。查尔斯很快就开始说话了，不到一个月，我们就把他送去了康复中心。他已经取得了很大的进步。从长远来看，我们相信他会没事的。

波波手术后就不会再有癫痫发作，但是查尔斯可能还会，因为他的病情更为严重，而且他比波波大，恢复得没有波波快。6个月后（我最后一次接触这个家庭），尽管查尔斯还没有完全恢复，他已经活泼好动，能走路和说话，显示出了充满活力的个性。最重要的是，查尔斯的母亲显然感谢她的儿子还活着。

＊　　＊　　＊　　＊

另一件令我难忘的病例是发生在底特律出生的丹妮尔身上。我第一次见到她的时候丹妮尔只有5个月大，出生时就长有脑肿瘤。当我看到她时，肿瘤从她的头骨凸起，已经跟她的头一样的大小了。肿瘤开始侵蚀皮肤，流出了脓液。

朋友们建议她的母亲："你应该把宝宝放在医院里，让她离去吧。"

"不!"她说，"这是我的孩子。这是我自己的血肉。"

丹妮尔的妈妈为了照顾她做了许多艰巨的工作。每天两到三次帮丹妮尔换敷药，试图保持伤口的清洁。这位母亲打电话到我的办公室来，因为她在一个妇女家庭杂志里读过一篇关于我的文章，说我经常做没有人愿意做的高难度的手术。她把孩子的情况告诉了我的助理凯萝儿·詹姆斯。

"本，"凯萝儿在当天晚些的时候向我报告，"我认为这是值得考虑的一个病例。"

听完细节后，我同意了，"请那位母亲把医疗记录和片子寄给我。"

不到一个星期后，我了解了丹妮尔的所有材料。我马上意识到，这是一个令人沮丧的状况。她的脑部畸形肿瘤已经扩散到非常严重的程度了，连我们都不能确定那片皮肤能否愈合。

我打电话给我的朋友克雷格·杜佛瑞，他是一位顶级的整形外科医生。我们在一起试图找出一种可以摘除肿瘤使颅骨复位的方法。我们也咨询了彼得·菲利普斯医生，他是我们的一位儿科神经肿瘤学专家，擅长治疗孩子的脑部肿瘤。

我们共同确定了一个可以把肿瘤取出的方案，杜佛瑞医生会翻上肌肉和皮瓣，并用它们来覆盖伤口，一旦伤口恢复了，彼得·菲利普斯和路易斯·斯特劳斯医生会想办法用化疗去杀死所有的恶性肿瘤细胞。

我们先前就觉得这是一个棘手的病例，手术时间会很长，看来我们是对的。手术切除肿瘤以及缝合肌肉皮瓣一共用了19个小时。然而，我们关注的是结果而不是时间。

我和杜佛瑞医生联手做了这个手术，我几乎花了一半的时间去切除肿瘤。在接下来的9个小时，杜佛瑞医生用皮肤肌皮瓣把她的颅骨完全覆盖。他成功地把皮肤覆盖上了。 手术进行到一半时，我对杜佛瑞说："我想我们可以完成任务的。"他点了点头，我看得出来他跟我一样有信心。

手术非常成功。正如我们计划的那样在肿瘤切除手术后的几周内，丹妮尔必须回到手术室，我们移动她的脑皮瓣，以减轻某些区域的张力，改善手术部位的血液循环。

最初，丹妮尔恢复得很好，表现就像一个正常的婴儿。对一般人而言是理所当然的事，但是对丹妮儿的父母而言，她的每一个动作都令他们高兴。她的小手每次都抓住了父母的手指然后露出笑容。但不久，丹妮尔的病情开始恶化。首先，她呼吸方面出现了问题，其次是肠道和胃的机能问题。我们把这些问题处理好了之后，她的肾脏又有了反应。我们不知道这些器官的问题跟切除肿瘤的手术是否有关联。

医生和护士在儿科加护病房里夜以继日地工作，只是为了让丹妮尔的肺部及肾脏保持活力。他们跟我们一样地全力以赴。最后，能做的一切我们都做了，但是她还是离开了。我们为她做尸检的时候发现，肿瘤已经转移到她的肺、肾脏和肠胃。我们做头部肿瘤手术的时候已经太晚了，若是在一个月前，在肿瘤转移之前做手术也许就能拯救她了。

丹妮尔的父母和祖父母都来自密歇根州，为了就近照顾她，他们都暂时住在巴尔的摩附近。在几周的等待里，他们希望她能康复，并且一直非常专注她的病情，他们理解并鼓励我们尝试一切的方法。当丹妮尔去世的时候，我惊叹于他们对这件事情理性的态度。

"我们想要说的是，我们不怪罪霍普金斯的任何人。"丹妮尔的父母说。

"我们非常感谢你，"丹妮尔的奶奶说道，"你愿意做这个每个人都认为不可能完成的努力。"

我记得特别清楚的是丹妮尔妈妈的话，她强忍住自己的悲痛，说："所有的事情都在上帝的手中，我们也相信我们做了一切能做的来拯救我们的女儿，尽管结果是如此的悲痛，我们将永远感激你们在这里所做的一切。"

我之所以分享丹妮尔的故事，是因为不是所有的案例都是成功的，最终结果不好的病例我用手指能数得过来，坏结果虽然少但仍然存在。

第十八章　苏珊和克雷格

快30个人挤进了克雷格·沃尼克的病房，当我走进去的时候他们正在举行祷告会。在克雷格进行手术时他们轮流向上帝祈祷，祈求上帝降下奇迹。令人惊异的不仅是看到这么多人挤进房间，更令人吃惊的是，他们都是来为克雷格祈祷的。

我站了几分钟，也跟他们一起祈祷。当我离开的时候，克雷格的妻子苏珊送我到门前。她给了我一个温暖的微笑，"不要忘了你母亲说过的话。"

"我不会忘记。"我回答，我太熟悉妈妈说过的话，因为我曾经引用她的话告诉苏珊："班尼，如果你向上帝要求某样东西的时候，你相信他会这样做，然后，他将会这样做。"

"你也要记得。"我说。

"我相信，"她说，"我真的相信。"

即使她没有这么说，我也可以了解她对手术的结果的信心。

当我走过走廊时，我想到苏珊和克雷格，还有所有发生在他们身上的事。他们已经经历了那么多，然而这一切还没有结束。

苏珊·沃尼克是霍普金斯的一名护士，一名优秀的儿童神经外科护士。她的丈夫患有一种叫希佩尔–林道病（VHL）的罕见疾病。患有这种疾病的人会有多发性、破发性脑部肿瘤以及视网膜肿瘤。这种疾病具有遗传性。克雷格的父亲曾经在数年之间长了4个脑瘤。

克雷格的苦难始于1974年，当时他还是一个高中生，他得知自己长了一个肿瘤。当时很少人知道VHL，因此，没有一个检查克雷格的医生预料到他会出现其他肿瘤。那时，我还没有见过克雷格。另一个神经外科医生给克雷格动手术取出他的肿瘤。

我边走边想到克雷格在过去13年里的苦难经历，然后我又想到苏珊。她以她自己的方式，陪着克雷格一起经历了病痛。我敬佩她专心照顾克雷格并确保为他做好每一件事。上帝把一位完美的伴侣赐给了克雷格。

苏珊曾经说过，她和克雷格从一开始就知道他们是一对特殊的天作之合，14岁的苏珊在读高中时认识了克雷格，那时他16岁。从那时候起他俩都没有考虑过将其他人作为终身伴侣。他们在高中时一同参加"用生命爱你"而成为基督徒。从那时起，他们在信仰上日渐虔诚并成为教会里活跃的成员。

克雷格22岁的时候，他们终于知道了他的罕见的疾病包括肿瘤复发的可能性。在那时他已经做了肺部手术、肾上腺切除手术、两个脑部肿瘤切除手术和视网膜肿瘤切除手术。尽管面对所有的身体障碍，克雷格还是利用几次住院之间的空当去大学学习。第一次手术后，克雷格出现了平衡和吞咽方面的困难，这是手术的副作用，从此这两个症状一直伴随着他。

1978年，克雷格开始呕吐和剧烈的头痛。两个症状规律性发作，且持续不断。去医院检查之前，他和苏珊都知道他又长了一个肿瘤。不过克雷格的医生（原医生）没有意识到它是另一个肿瘤。这对夫妇告诉我，他的医生解除了他们当时的恐惧。

然而，检查结果证明沃尼克夫妇先前的忧虑是正确的。医生准备了第二次手术。手术前一晚，那位巴尔的摩的神经外科医生对克雷格的妈妈说："我不认为我能在避免造成他瘫痪的情况下切除肿瘤。"虽然他们还想知道最糟糕的结果是什么，从医生的话里，他们看不到希望，所以，他们绝望了。

在1978年4月19日晚上，第二次手术的前夜，这位医生对苏珊说的最后一句话是："明天手术后，他将进入加护病房。对吧？"他走开，然后又走回来说："我们希望他能撑过去。"这是苏珊在对克雷格能否康复的问题上少有的几次怀疑与挣扎中的一次。

克雷格撑过了这次手术，但他有一连串的并发症，包括双重影像和吞咽困难。他身体的平衡性非常不好，甚至不能坐起来。克雷格感到痛苦难当，情绪沮丧，他几乎准备放弃了。但是苏珊不会放弃，她拒绝让他停止战斗。她不断地鼓励他说："你会好的。"

几个月后，克雷格入住好撒玛利亚人康复医院。由于种种原因克雷格能入住这个医院就是一个奇迹。在接下来的两年中，克雷格接受了最好的物理治疗。他身体状况奇迹般地变好了。

"谢谢你，上帝。"苏珊、克雷格和他们的家人祈祷，为每一次的病情好转感谢慈爱的上帝的保佑。但对苏珊和克雷格来说，病情好转是不够的。"天父，"他们每天祈祷着，"请让克雷格身体好起来。"

克雷格在康复之路上遭受各种挫折，举步维艰。他不再是壮硕的年轻人，克雷格瘦了75磅，这使身高6英尺的他变成一个皮包骨的人。

克雷格继续康复，但他仍有很长的路要走。他学会了自己进食。主要是因为他吞咽困难，他需要一个半小时的时间吃一顿饭。他不能走路而必须坐在轮椅上。

但克雷格在恢复期间表现出了非凡的决心，他继续坚持上大学。

这两个人的信念是坚定的，特别是苏珊，"他会站起来，"她告诉人们，"克雷格将会再次行走。"

经过两年的物理治疗，在一个拐杖的帮助下，克雷格和苏珊一起步入婚礼的殿堂，他们在1980年6月7日结婚了。《巴尔的摩太阳报》大幅报道了这个爱的奇迹。

克雷格投身于大学课程，终于完成了他的学业。他于1981年1月毕业，在联邦政府里找到了一份残障者力所能及的工作。

并不都是好消息。1981年末，克雷格的肾上腺上出现了新的肿瘤。在手术中，腺体被切除了，现在他必须终生服用药物。

不久，苏珊去见尼尔·米勒医生，他是霍普金斯大学的一名眼科医生，这位医生告诉她："至少你现在知道这个疾病的名称。它被称为希佩尔-林道病或 VHL，"他笑了笑，"它的命名是为了纪念发现它的人。"医生递给苏珊一篇关于这个疾病的文章。

当她开始读这篇文章的时候，米勒医生告诉她，希佩尔–林道病的发生几率是五万分之一。通常，VHL会导致在肺、肾、心、脾、肝、肾上腺和胰腺罹患肿瘤。

在那一瞬间，苏珊意识到了这一疾病将伴随克雷格的整个余生。她放下资料，在和米勒医生目光相遇时发现——他们眼中都是泪水盈眶。

苏珊后来说："他的眼泪比他说的任何话更能安慰我。我很感动地发现，在医生中也有人能够深深地感受到病人的痛苦。他在我面前落泪让我觉得他了解我，而且他也关心我。"

现在苏珊知道了这个疾病的名字和特点。这些知识也帮助她了解这个病未来会发生什么——更多的肿瘤。"这种疾病是不会完全去除的。接下来的这个手术也不能完全治好它，"她更多是对自己说，"我们将要与这个病一起度过一生，不是吗？"

医生的眼泪又涌了出来。他点点头，用嘶哑的声音说："至少你现在知道你正在面对什么问题了。"

苏珊决定不让克雷格知道这个信息。克雷格本性是个安静的人，当时他处于严重压抑的状态。她想，如果让他知道未来惨淡无望，这只会增加他的心理负担。

守着这个信息，但是苏珊并不满足，她必须知道更多。以后的18个月里苏珊一直在阅读、研究，并写信给每一个她认为可能会给她提供更多信息的人。

苏珊声称她拥有世界上最大的VHL图书馆之一，我相信她！她打电话寻遍美国，寻找从事VHL研究的地方。随着克雷格病程的发展，苏珊对VHL的知识变得极为渊博，她还对VHL治疗方面的最新发展了如指掌。

VHL与一种可预防形式的失效有关。因为它是一个显性遗传疾病，这意味着，VHL患者50%的后代将会遗传它。克雷格的姐姐现在是40岁，20多岁时得过一个肿瘤。但看样子她不会再出现更多的肿瘤了。

当苏珊终于把病情向克雷格实言相告时，他只说了一句："我就知道有什么不对劲，因为肿瘤不断地再生。"

在苏珊的记忆中，那个时候米勒医生对她付出的爱心使她能够去面对一切困难。她从自己的经历中体会到医务人员对病人的关爱对他们的康复大有裨益。于是，她决定参加护士培训。1984年毕业后，苏珊申请并获准在约翰·霍普金斯的小儿神经科工作。毫无意外地，苏珊成为一个优秀的护士。

1986年9月，苏珊注意到克雷格又长了一个脑瘤。这时候我进入了他们的故事——苏珊让我接手克雷格的治疗。

我同意后，我们给克雷格做了CT扫描，我不得不告诉他，他的脑部居然有3个肿瘤。经过准备，我切除了肿瘤。幸运的是，他没有任何手术并发症。然而他的内分泌调节方面还有问题，这需要几个星期来调整。不久，克雷格大脑的中心区域又长了一个囊肿。

一位很有天分的总住院医生亚特·王协助我做这个手术，这是一个困难的手术，因为我们不得不分割连接大脑的两个胼胝体，然后一路向下到达中心区域把肿瘤取出。

手术没有问题，很顺利。克雷格手术后的反应也很好。尽管他们祈祷这是克雷格的最后一次手术。克雷格继续康复着——虽然慢但很明显。

但是在1988年，克雷格又长出了另一个肿瘤，这一次是在他的脑干，位于脑桥—— 一般认为是不能手术的区域，这真是个可怕的消息。但还是得有人去尝试。克雷格和苏珊要求我做这个手术。

"我很抱歉，"我告诉他们，"我的手术时间表已经排满了。"苏珊清楚地知道，我的患者已经排满。尽管我相信自己做出了正确的选择，我还是为不得不拒绝他们而难过。

"我想请你去找另外一位神经外科医生，他是本院处理血管问题的专家，"我建议，"因为这个肿瘤是涉及血管的。"

"我们真的想要你做。"克雷格用他平静的声音说。

"如果有任何可行的办法的话，" 苏珊说，"我们知道你有多忙，而且我们理解你……"

经过漫长的讨论和我全力的劝说后，克雷格的治疗由另一位外科医生接手。这个人考虑要使用伽马刀（一种大型的放射线机器），这是一种新的治疗法。但是，在和这种方法的瑞典发明者沟通过后，他觉得这对克雷格的特殊肿瘤起不了什么作用。所以他们必须想其他的办法。

与此同时，克雷格的病情开始迅速地恶化。他失去了吞咽的能力，面部开始感觉麻木，并且出现严重的头疼。1988年6月19日，克雷格被转入医院的急诊室。

苏珊给我打电话，听她说话的同时，我知道，不能让克雷格的病情再恶化下去了，我必须做点什么。我停顿了下来，想要理清自己的思绪。我仿佛听到了自己在说："好的，我要去让他们改变安排，我们要给克雷格做手术。"

我们把他的手术安排在6月20日下午6点。

他们两个欣喜若狂，我再没见过比他俩更开心的人了。似乎知道做手术的人是我，就足以让他们安心。

"这一切都掌控在上帝的手中。"我和他们说。

"但是我们相信上帝会借助于你的手。"克雷格说。

尽管我同意了手术，但是我必须跟克雷格和苏珊讲清楚这个肿瘤和囊肿很可能在脑干里面。"在我看清楚里面之前，我不能下结论，"我说，"但是如果它在脑干里面——"我停顿了下来，因为我不想告诉他们我对此也无能为力。

"我们明白。"克雷格说，苏珊也点了点头。

他们深知自己面临的难题。

"但是，"我补充道，"只要不是在脑干里的肿瘤，我都能取出来。"

"一切都会好起来的。"苏珊说，并且她也这么认为。病人的妻子在鼓励我，对我来说，让病人家属给我打气的感觉有点怪怪的。

虽然我同意了动手术，我还是不知道采取什么行动才是最好的。我征求大家对我的方案的意见，并咨询了其他神经外科医生。没有人知道怎么应对那个特殊的肿瘤。

"我要了解他颅内的情况，至少做一些探查。"我最终开口说道。我没有给沃尼克夫妇任何承诺——我怎么能？他们似乎并不需要什么额外的担保——他们比我还要平静。

在手术前的那个下午，我看见很多人聚集在克雷格的房间里祈祷。

那是一个艰难的手术。许多重要的血管在肿瘤上钻进钻出，我必须用显微镜精准地找到肿瘤的根源，这样，我才可以移除它。我仔细地从每个角度观察他的脑干，除了严重的肿胀，什么都没有。

我想，肿瘤准是长在他的脑干里面。然后，我将针刺入了脑干中，脑干是不可触碰的，因为里面有着太多的重要组织和纤维，哪怕是受一点刺激，都会引发严重的并发症。我怀疑肿瘤的里面可能会有囊肿。如果真的是这样，我可以找到囊肿物，抽出一些流体，便能缓解克雷格脑部的压力。

我没能找到囊肿物，反而，血从针孔中涌了出来。除了血我什么也抽不出来。过了8个小时，在凌晨两点半左右，我们缝合了创口将克雷格送回了加护病房。我觉得经过这么长时间的手术之后他也已经精疲力竭了。

第二天早上，我走进房间时，很惊讶地发现，克雷格就像做手术前一样，尽管他躺在床上，但是他在笑，在动，甚至在开玩笑。

惊讶之后，我对苏珊和他讲，我觉得肿瘤就在脑干中的脑桥里面。

"我很想看看脑桥里面，"我说，"但是我昨晚做不到，因为我已经做了8个小时的手术了，那时很疲惫，我很难做出正确的判断。在紧要关头，我希望我的状态是最好的——我不想在半夜去做这个尝试。"

"那就做吧。"克雷格说。

"我们没有很多选择，不是吗？"苏珊问道。

"克雷格可能有至少50%的几率会死在手术台上。"我告诉克雷格和苏珊。虽然这种话很难说出口，但是我必须告诉他们实情，尤其是他们不爱听的那些。"而且，就算他没有死，他也可能会瘫痪，或者神经受损。"

"我们明白，"苏珊说，"无论怎样，我们都希望你继续下去。我们祈祷奇迹会发生。我们相信上帝会借着你的手让奇迹发生的。"

"我们还有什么可失去的？"克雷格补充道，"反正到头来都是死。"

我把手术安排在几天后。

尽管我知道克雷格和苏珊都是虔诚的基督徒，但是这次，我见识到他们的信仰比任何时候都强。他们一直在讲："我们想让奇迹发生，而且我们相信奇迹会发生，我们向上帝祈祷，求他给我们一个奇迹。"

一位工作人员将克雷格推进了手术室，并且开始做准备。克雷格趴在手术台上，他的头被固定在一个架子上，这样他就不会动了。医生们再一次剃光了他的头发。护士拿了一个无菌布帘盖住了他，在他手术部位上有一个小塑料窗口。然后，手术就开始了。

这又是一次艰难的手术，最终，我总算看到了他脑干的侧面。"我要在脑干上开一个小洞。"我小声地和我的医务人员说。接着拿起了一个双极器械（一种小型电子凝固器械）并且打开了脑干。它开始快速出血。每次我碰到脑干，都会流血。我的助理不停地吸净流出来的血，让我可以清晰地看到手术部位，我心中暗自祈祷，上帝，让我知道我接下来该干什么。

我通常会在手术之前祈祷，在我擦洗双手的时候，在我站在手术台旁开始手术之前。这次的手术我从始至终都一直在祈祷，我在想，主，这一切都取决于你，你一定要在这里做点什么。我并不知道我应该做什么。

我停了下来，凝视着眼前的空间，主，请告诉我我该怎么做，不然克雷格就会死去。之后不到一秒，我豁然开朗——满脑子都是一种凭着自己的直觉得到的知识。"把激光给我。"我对技师说。

我找他要激光束只是因为我觉得这是最符合逻辑的选择。用激光在脑干上小心地开一个小洞。使用激光可以让我在进入的时候凝固一些流血的血管。最后，我在流血最少的情况下打开了一个小洞，并且进到了里面去。我感觉里面有些反常的东西，我取出了一小块。它很可能就是肿瘤，但是它被卡住了。我小心地往外抽，但是怎么也抽不出来。我又开始犹豫，我不想太冒险，因为这是脑干，我不能再把洞开得更大了。

麻醉师们检查了一遍诱发电位监视器，让我们看见脑部的脑电活动。

"诱发性电位消失了。"一个麻醉师说。

诱发电位消失——就像当心脏停止跳动的时候，心电图变成一条直线一样。这条直线代表着他头脑的这一半区域没有脑电波，脑部活动停止——是脑部受到严重伤害的表现。大脑是靠着脑电活动来运转的，这一半大脑的活动已经完全停止了，然而另一边的脑干没有受损。

"我们已经走到这一步了。我们要继续下去。"我让自己不去想他的脑部受到的伤害有多大。上帝，我不能放弃，请指引我的双手。我继续从脑干上的那个小洞入手，此刻，我的双手十分放松，有如神助般轻轻地往外拉着。终于，肿瘤块被拉了出来。我继续小心地往外拉，整摊肿瘤一下子就全部被拉了出来。

脑干立刻缩回到它的正常大小。我为成功取出肿瘤感到高兴，但是克雷格已经受到了损伤。尽管我试着不去想接下来会发生什么，但是我对这样的事知道得太清楚了——就算克雷格活了下来（可能性很小），他也会变成植物人。他肯定会昏迷，也很可能瘫痪。但是我还是要坚持下去，因为我觉得这是正确的。

手术又继续进行了4个小时，结束时，我感觉很糟糕。我大声地说："好的，我们尽力了。"我清楚我的确尽力了，但是我的话却不能带来自我安慰。

＊　＊　＊　＊

接下来的故事将由苏珊来讲，她在之后写下了克雷格的故事，包括她在1988年第一次手术的经历，就是我刚才讲过的。

苏珊·沃尼克：

手术那天晚上，我的很多朋友和家人都来陪我，我很感激他们能来。当人们没有和我讲话的时候，我花了大多数的时间来读《圣经》。我想信任上帝，并且消除我所有的疑惑。但是这些疑惑还是在这里折磨着我。我不能理解发生了什么，也不能明白我为何落到了这种境地。长期以来我真心相信上帝，很确信奇迹会发生在我们身上。许多年来，每当克雷格看起来受挫的时候，我都会去激励他，让他知道，我们两个可以一起面对任何事情，因为上帝掌管着我们的生命。我曾经很强大，但是这时我是崩溃的。

那个晚上，我陷入沮丧之中，无法自拔。我记得，我和这个房间里的一些人说过："我以前从来没说过这话，也没这么想过，但是现在，我感觉我完全被打败了。可能上帝想让我明白该适可而止了。可能我和克雷格驾驭不了这些事了。可能……可能这已经是最好的结局了。"

自然地，他们也尽力安慰我了，但是我除了等待和焦虑，其他什么也做不了。

午夜中的某一刻，我抬起头，看见卡森医生走进我和我家人所在的等候室。他向我们说明了肿瘤的位置，脑部的损伤情况和其他有关的事情。"就像我之前说的一样，这很可能会发生。克雷格最多也只能再活几个月了。"

卡森医生一向以他的镇定以及在和家属交谈时不掺杂感情而出名。他的声音很柔和，很和蔼，人们听他说话的时候要很专心。大多数时候，他总是那么冷静。

我硬撑着听完了卡森医生对克雷格的死刑宣判。卡森医生告诉我的越多，我就会越心烦。我没有哭，但是我整个身体都在发抖。我意识到了自己在发抖，我越是去控制它，我就抖得越厉害。克雷格要死了……这句话一遍又一遍地出现在我脑中。

卡森医生说，如果我们要再动手术，他会试着把肿瘤移除。但是他也告诉我，克雷格的半边身体很可能会瘫痪，"……而且他有可能会死"。

在几分钟内，我很难将注意力集中在本·卡森身上，并且我什么也听不进去。克雷格要死了！在这之后我什么都听不进去了。卡森医生站在我面前，尝试着来安慰我，而且我也知道，无论如何，他的话都不能让我平静下来。凭着我14年来研究希佩尔-林道病（VHL）所获得的知识，我深信，一旦克雷格的脑桥中有肿瘤，他就会死，我知道克雷格的情况。我的克雷格，我很快就会失去你。克雷格要死了。

"肿瘤就在脑桥的中间。"卡森医生又说了一遍。这次我抬头看到的是本杰明·卡森，这个人。他虽然很累，他的疲惫清晰地写在他的眼睛周围。但是我看到的远不止这些。

这并不是他平时的样子，我想。他与平时有一点不一样。之后，我明白了，卡森医生也很气馁，很受挫。

我沉浸在自己的困惑和痛苦里面，我一直在想克雷格和我，却从没考虑过卡森医生的内心感受。

他是一个能把自己情绪隐藏得很好的人，但是他在那一刻却流露了出来。我想，这个人能够切除人的半个大脑。这种外科手术除了他没人能做。但是我从他的脸上看到了悲伤，看到了绝望。

在那一刹那，我把克雷格和我自己抛在了脑后，并且为卡森医生难过。他很努力地去尝试，而现在他十分受挫，十分沮丧。

他和我讲完话，转过身，沿着走廊离开了。我看着他，对自己说："我真的为他难过。"

我跑向走廊，叫住了他。我拥抱他，然后和他说："不要太伤心，本。"

我回到了房间。一位病人在那天晚上回了家，然后护士让我在那间空病房里待了一晚上。我躺在床上，盯着天花板。我那时很生气——非常生气。

在这以前，我从未有过这么多情绪。

"上帝，"我在昏暗的房间里低语着，"我们经历了这么多。我们有过那么多好的消息了，结果却是这样。"

"虽然过去也曾有过艰难困苦，特别是在我们刚在一起的时候，但是现在的情形是最糟的。我很生你的气，上帝。你就这样对克雷格见死不救。如果你想带他走，为什么不在1981年带他走？或者在他第一次有肿瘤的时候。如果你真的那么有爱心，为什么你要让克雷格这样的人经历这么多苦难，最后还是难逃一死。

"什么都没有意义了。你要让我30岁就孤单一人。克雷格和我永远都不会有孩子。"我想起来其他失去丈夫的女人告诉我，丈夫去世后，孩子成了她们生存的目标和继续活下去的理由。"她们至少还有孩子，而我！什么都没有！

我的内心很受伤，我想死。

过了几分钟，我去了卫生间，看到自己在镜子中的样子，我没有认出镜子里那张注视着我的脸，很奇怪的感觉，然后，我就盯着面前的这位"陌生人"。

我走回了我的床，感觉比任何时候都痛苦。感觉自己的一生都是一个错误。"一切都是徒劳！这就是我。所有的努力，所有的操心——都没有任何回报。没有克雷格，我怎么活下去？没有了他你让我怎么办？"

恶意从我心里涌出。我指责上帝，指责他让我陷入克雷格成为我整个的世界这样的境地。现在又要带他走。我大哭，并且发泄着我的愤怒。

我筋疲力尽，最终停止了宣泄。在这一段安静的时间里，上帝告诉了我一些事情。不是说出来的，确切地说，也不是文字——克雷格不是你的，你不应该要求留住他。他不属于你，苏珊，他属于我。

当我看清楚了真理，我意识到自己是多么愚蠢。克雷格和我在高中时都把自己的一生交给了耶稣基督。我们都属于上帝，我现在没有权利自己固执下去。

几天前我一直在听一个基督教广播节目。传道人说亚伯拉罕带着以撒爬上了山，然后出于自愿牺牲了他——亚伯拉罕的最爱。

我想起了这个故事。"是的，上帝，克雷格是我的以撒。正如亚伯拉罕献出以撒一样，我愿意把他献给你。"

躺在整洁的病床上，一股平和的感觉如潮水般冲刷着我，我睡着了。

* * * *

本·卡森：

第二次脑干手术后的当天下午，我正在查房，到了克雷格的病房，我进去看他。我简直不敢相信——他在床上坐起来了。我盯着他几秒钟，不胜惊讶，我说："移动你的右臂。"

他移动了。

"现在，你的左手。"

再一次，挺正常的反应。

我让他动他的脚和其他任何我能想到的地方，一切正常。我无法解释他怎么变正常的，但他确实是正常的。克雷格仍然有吞咽问题，但其他一切似乎没问题。

"我想这事可能跟上帝有关。"我说。

"我想上帝确定跟这件事有关。"他回答说。

第二天我们去为他摘下呼吸管。

"我身上的瘤子一个都没了？"克雷格笑了起来。他说着笑话，这是一个美好的时光。

"你得到了你要的奇迹，克雷格。"我说。

"我知道。"他的脸上闪着光芒。

6周后的一个傍晚，我和家人在一起时家里的电话铃响了。当苏珊听出我的声音之后，她没有自我介绍就大叫："卡森医生！你不会相信刚刚发生的事！克雷格吃了一整盘意大利面条和肉丸子！他全部吃完了，而且一切都吞咽下去了。那是半小时前的事，现在他的感觉好极了！"

我们聊了一会儿，我很高兴能在这样一个特殊的时刻成为他们生活的一部分。这使我想到我们常常把很多简单的事情当作理所当然，比如吞咽的能力，只有像克雷格和苏珊这样的情况下才能明白那是多么的美妙。

第十九章　分离连体婴儿

"我先杀了他们再自杀！"特蕾莎·宾德说。1987年1月，在她8个月身孕的时候，这位20岁的年轻妈妈得到一个坏消息——她将要生下一对连体婴孩。

"啊！我的上帝！"她哭喊，"这不是真的，我怀的不是双胞胎，而是病孩子，丑鬼！"她几乎哭了三天三夜。这位痛苦的准妈妈把每个可以放弃生育这对双胞胎的方法都想了一遍。

特雷莎首先想到的是吃安眠药来结束她和孩子的生命。"我实在撑不下去了，结束生命似乎是我们唯一的出路。"但是，当真正到了那个时刻，她却无法吞下安眠药。她有弃世的想法，一门心思要结束噩梦。她也考虑过离家出走或者跳楼。无论怎样，她只能听到自己的声音："我想死。"

在第四天的早上，特雷莎忽然意识到她是可以自杀的——虽然那很不好，但是她自杀的同时却杀死了另外两条生命，而他们有生存的权利。

特蕾莎·宾德让自己的心平静下来，知道无论发生什么她都要去面对。现在她可以从悲剧里走出来，接受现实了，就像许多的家长一样。

就在几个月前，特雷莎和她36岁的丈夫约瑟夫，还为孩子的即将降生而欣喜若狂。在她怀孕的前期，医生告诉他们是双胞胎。"我满心欢喜，"特雷莎回想到，"感谢上帝赐我双倍的礼物。"

根据预产期，这对住在德国乌尔姆市的夫妇带着一模一样的两套婴儿衣服、两个摇篮、两个小婴儿车来等待孩子们的到来。

双胞胎，帕特里克和本杰明，在1987年2月2日经剖宫产来到了世上。他们两个的体重一共是8磅14盎司，他们的脑袋后部是相连的。

孩子一出生就立即被送到儿童医院，特雷莎三天后才看到孩子。当她看到孩子时，约瑟夫就站在她旁边，准备好把随时会晕倒的她抱离房间。

瞪着眼前的连体婴孩，特雷莎只看到两个幼小的男婴——她的孩子——她的心融化了。"妖怪"这个词从她心里消失了，眼泪夺眶而出。丈夫拥抱着她，他们一起抱着他们的儿子们。"你们是我们的，"她对着孩子说，"我已经爱上你们了。"

母爱永远不会离开特蕾莎·宾德，虽然前面的路很艰难，但她心里对孩子的保护和关怀却日盛一日。

夫妻俩要学习如何抱孩子，确保婴孩的身体有很好的支撑。因为他们的头朝着不同的方向，特雷莎必须要靠着枕头坐着，双手各拿着一只奶瓶才能给他们喂奶。虽然连体婴儿有各自的生殖器官，然而他们的部分头骨和表皮组织是连在一起的，包括负责将血液从大脑输送到心脏的主要静脉。

出生5周后，宾德夫妇带他们的儿子们回家。"我们对他们的爱无时不在，"约瑟夫说，"他们是我们的儿子。"

因为他们的头连着，所以不能像其他婴孩那样行动。然而，从一开始，他们就是相互独立的两个人。一个睡觉，另一个在哭。

宾德夫妇做梦都想看到有一天他们的金毛宝宝能够成功分体。他们为帕特里克和本杰明的将来而焦虑，如果他们一直是连体，他们将无法坐、爬、转身或者行走。这两个美丽的孩子将一辈子卧床不起，背靠背躺着到死，前途一片黯淡。

"每天支撑我走下去的是我的梦想，"我第一次见到特雷莎时她告诉我，"我梦想有一天我们能找到一位可以为他们创造奇迹的医生。"

每个夜晚，特雷莎上床睡前最后的念头就是——能够分开地抱着她的儿子，单独和其中的一个玩，把他们放进不同的摇篮。多少个夜晚，她躺在床上流泪，不知道是不是真的有奇迹会发生在她儿子们身上。毕竟分离头盖骨连体婴儿的手术尚无两孩全活的先例。

"但是我不会放弃希望。我不能放弃。他们是我的儿子，他们是我生命里最重要的，"她说，"我知道我会为了他们的机会拼到底。"

婴孩在德国的医生找到我们，问我们霍普金斯医院的儿科手术团队能否制定一个分离宾德的双胞胎的方案，让他们有机会过正常的个体生活。

我就这样出现在这个故事里。

研究了现有的资料以后，我初步同意做这个手术，这将是我从未做过的风险最大的，以及对技术要求最高的手术。但是我知道这是一个机会，是这两个男孩唯一能够过正常生活的机会。我的决定仅是个开始，因为这个手术不是一个医生就能胜任的。马克·罗杰斯医生，霍普金斯儿科加护病房的主任，将与我一起协作完成整个任务。我们集合了7个儿科麻醉师，5个脑神经外科医生，2个心脏外科医生，5个整形外科医生，同样重要的还有几十位护士和技师——一共70人。我们花了5个月的时间学习和培训——为这个特别的手术做准备。

1987年5月，克雷格·杜佛瑞、马克·罗杰斯、大卫·尼科尔斯和我计划飞去德国。在那的4天里，杜佛瑞会在婴孩的头皮下注入一些可膨胀的硅胶气球。这些小气球会把皮肤慢慢撑大以便在分体手术后有足够的皮肤组织封闭手术伤口。

手术时，分离部分由我来做，然后我负责其中一个孩子，唐林·龙会负责另一个孩子。为了确保最高的成功几率，我们身边有一支很棒的医疗团队，他们全是来自约翰·霍普金斯——心脏外科主任布鲁斯·瑞兹，整形外科副教授克雷格·杜佛瑞，儿科麻醉师大卫·尼科尔斯，脑神经外科主任唐林·龙，还有马克·罗杰斯担任协调员和代言人。

由于我只看过孩子的X光片，所以需要亲自评估他们的神经系统运作能力，因此我也会和他们一起去德国，我要决定这次手术是否可行。

在我们去德国的前两周，小偷光顾了我们家。除了电器，小偷还盗走了我们的保险箱，虽然他们打不开。一个小保险箱，和鞋盒差不多大，里面全是我们的重要文件和论文，包括我们的护照。

我虽然意识到要在两周内重办护照会很困难，但我却不知道这是根本不可能的。当我打电话给美国国务院，一个和蔼而肯定的声音说："对不起，卡森医生，这么短的时间是办不到的。"

然后，我问警局调查员："我被盗的文件能找回来的几率有多大，特别是护照？"

"没有机会，"他无精打采地说，"这些你是找不回来了，他们会把它当垃圾处理掉。"

挂断电话，我祷告："主啊，如果你要我参与此次手术，请你为我准备好护照。"然后，我就试着不再去想护照的事。因为我的工作很多，我需要全神贯注在其他手术上面，把这件事先抛到脑后。

两天后，同一个警官打电话到我办公室："你绝对不敢相信，我们找到了你的文件和护照。"

"哦，我相信！"我说。

带着惊讶的口气，他告诉我一位负责翻找垃圾堆的探员在一个大垃圾袋里找到一份写有我名字的文件，于是他就往下找，终于找到所有其他文件。由此，他们破获了华盛顿特区及巴尔的摩周边一个大的盗窃集团，除了找回了我们的被盗物品，也帮其他家庭找回了他们被偷走的东西。

　　我们团队用接下来的5个月时间制定手术方案，以及为每一个我们能够预想到的意外制定预案。准备工作的一部分是要求重新布置手术室里的所有电路包括紧急备用电池，做万一停电的准备。手术室所有的东西都是双份的，从麻醉监视器到心肺机，两张手术台并排地放着，当我把男孩们分开时，他们可以分别接受手术。

　　5个月后，一切都准备得非常完善，我觉得我们好像在计划一次军事行动。我们甚至连每个人在手术室里站的位置都安排好了。一份10页的计划书详细说明手术的每一个步骤。在充分讨论的基础上，我们进行了5次模拟手术演练，每次3小时，我们用真人大小的玩偶，然后用尼龙搭扣把两个头绑在一起。

　　从开始讨论起，我们都牢记一件事——如果无法将这对连体婴儿分开，且不伤害到任何一个孩子的脑神经功能，我们就不会做这个手术。

　　唐林·龙和我都不确定连体婴脑组织的关键部分，如视觉中枢，是不是共用的。很幸运，如同我们预料的，两个男孩只共用主要的排泄中枢，也叫上矢状窦，是重要的关键静脉。

＊　＊　＊　＊

　　分离7个月大的连体婴孩手术定于1987年9月5日，星期六，劳工节周末，早上7：50。我们选这天是因为那天没那么忙，人手比较充足（在周末我们不安排非紧急手术）。

在手术期间，马克·罗杰斯建议孩子的父母在酒店等待消息，这样他们也好休息。如我所料，他们几乎没怎么休息，轮流值守在电话旁等消息。在接下来的22个小时里，一位医生会给宾德夫妇打电话报告手术的每个过程。

在对双胞胎实施麻醉之后，心脏外科手术医生瑞兹和卡梅伦，在婴儿的主静脉和主动脉各插入一根像头发一样细的导管以便手术时可以监控。我们将孩子的头部固定好，以防止连体婴分离后头部下垂造成颅骨不适当的压力。我们切开头皮，从他们头骨连接处取出类似骨头的组织，十分小心地保存着，留待之后重构他们的颅骨时用。

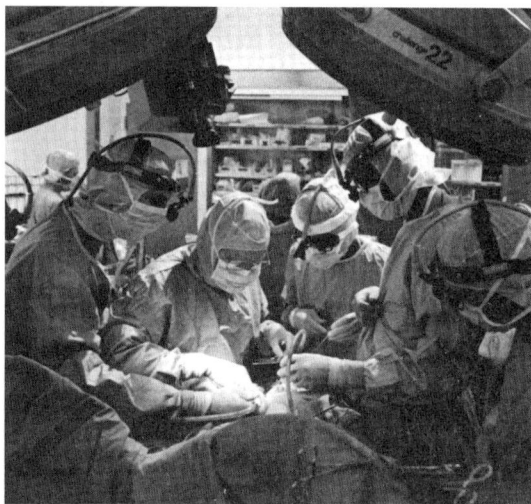

脑连体双胞胎分离手术现场

下一步，我们打开硬脑膜盖——遮盖脑组织的硬膜。这比较复杂，因为在两个大脑之间的硬脑膜和脑膜平原中间有很多错综复杂、旋回曲折的部分，除此之外，在两个大脑之间还有一条大动脉也连在一起，必须进行拆分。

我们必须先完成两个大脑之间所有胶粘部分的分离，才能试着分开大的静脉窦。我们把上部分的窦和窦汇以下的窦隔开，这是所有静脉窦汇聚的地方。一般来说这地方只有25美分到50美分的硬币那么大。很不幸的是，这次我们遇到的窦汇要大得多。

当我们开到最里层，原本应该是窦汇尾部的地方时，遇到凶猛的出血。我们把肌肉缝起，补上周围，控制了出血，然而大量出血还是很恐怖的。我们继续往下开，我记得我大声叫："窦汇不能再往下延伸了。"可它还是在延伸。最终我们开到颅骨的底部，就是脊椎和脑干相接的地方，仍然看不到窦汇的收尾。

最终，我们发现连体婴儿的窦汇不止50美分硬币大小，而是覆盖了两个孩子的整个后脑，是一个超级大的高压静脉湖。

这种情况迫使我们提早进入低温终止。在我们的计划中，原本预计用3—5分钟的时间分开血管结构，用剩下的时间同时重构两个婴孩的血管。但是现在看来，可能要花更多的时间来分开两个孩子的血管结构。

我们将两个孩子各自连接上心肺体外循环机，让他们的血从体外循环机通过，从而把他们的体温从华氏95度降到68度。

我们慢慢地将婴孩体内的血全部抽出来。这种深度低温使得代谢功能几乎完全停止，也允许我们停止心跳和血液流动，在一个小时之内不会造成脑损伤。我们必须停止血液的流动，来重建两条血管。在此期间，宾德双胞胎就像是动画片里暂停的画面。据我们估计，低温终止超过一个小时之后需要血液滋养的组织将遭受不可挽回的损伤。这也就意味着，一旦我们降低了男孩们的体温，我们必须尽快工作。（这种程序只能用于18个月以下的婴孩，因为他们的大脑还在发育之中，再生能力强，所以能够从如此巨创中恢复过来。）

降低体温20分钟之后，也就是11：30分，我们面临一个危急时刻。颅盖骨已经打开了，我准备割断位于双胞胎后脑的细细的蓝色主脉，这条血管负责脑部的血液输出。这是两个小男孩最后的连接。完成了切割之后，我们马上把两张手术台分开来，我和龙一人负责一个孩子。这是帕特里克和本杰明从出生之后，在他们幼小的生命中第一次分开。

虽然已经自由了，双胞胎马上就面临着潜在的致命难题。在恢复血液流动之前，我和龙必须要同时动手，用事先取下的心包膜片重新缝制两个矢状静脉。

有人启动了墙上的计时器。我们有一个钟头的时间完成任务并恢复血液的流动。我们在与时间赛跑，分秒必争，但是我跟在场的护理人员说："请不要告诉我现在几点，也不要告诉我还剩多少时间。"我们不需要知道，我们不需要额外的压力，不要有人来提醒我们还剩下多少分钟。我们尽全力快速地操作着。

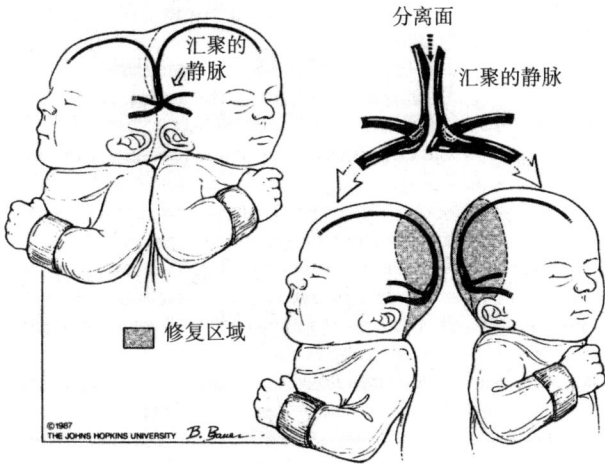

双胞胎脑部连接示意图

我告诉他们时间一到，就把血流的泵打开。如果两个婴儿流血致死，也只能这样。我们只要知道自己尽了最大的努力就够了。不是我狠心，而是我不愿意冒他们大脑受损的危险。还好，龙和我都习惯于在压力下工作，我们专注于眼前的工作，没有一点分心。

刚开始做这个手术的时候有一种怪异的感觉，因为男婴的身体冰冷，感觉像是在尸体上工作。双胞胎看上去像死去了一样，有片刻我怀疑他们是不是还能再活过来。

*　*　*　*

在我们的计划中，我估计会花上3—5分钟把窦腔切开。然后我们在血液回流之前有50—55分钟的时间重建窦腔。"不好！"我喃喃自语着。我遇到了一个障碍。我需要更多的时间把我手上这个男婴的窦汇补上。窦汇是一个神经外科医生最惧怕的地方，因为血液在强劲的压力下匆匆地流过这个区域，因此像铅笔尖那么小的洞就会导致婴儿在一分钟内失血致死。

在低温终止之后又过了20分钟我们才把所有的血管组织分开，这也意味着我们已经使用了超过原计划三倍以上的时间。我们先前无法预见这个情况，因为这个血管湖的压力太高，把血管成形用的染料都给冲掉了。

因为分离血管用掉了20分钟，我们仅剩40分钟来完成其余的工作。幸好心血管外科医生们在我们身后观察手术，在我切开窦腔的时候他们也开始计算需要的心包膜片的直径和形状。虽然只是目测的预估，这两位心血管外科医生的技术非常熟练，当他们把切好的心包膜片递给我和龙的时候，所有的膜片都恰如所需。我们能够把受影响的区域都缝合起来。大约在还剩15分钟的时候，我知道我们已经接近最后时限了。不用抬头我都可以感觉到紧张的程度在增加，似乎周围的人都在窃窃私语，"我们是否能准时完成"？

龙先搞定了他手上的宝宝。在恢复供血之前几秒，我手上的宝宝也完活了。我们正好在时间内完成。

一时间手术室里寂静无声，我只能听见心肺机有规律的嗡鸣声。

"完成了。"有人在我背后说。

我点头，深呼吸，然后突然意识到在这段最关键的时刻我一直都是屏住呼吸的。大家的神经都一直紧绷着，我们都忽略了它。

刚开始重新启动婴儿的心跳时我们就遇见了第二个难题：大量的血液从婴儿大脑里那些手术时切断的小血管里涌流出来。

所有能流血的地方都在流血。接下来我们花了3个小时的时间尽全力想方设法地控制失血。有一瞬间，我们几乎确定不可能成功了。大摊大摊的血继续流出来，很快就耗尽了我们手上准备的血液。

我们其实早就考虑到失血的问题，为了能使用心肺机，我们不得不使用抗凝剂来降低血液的凝固力。所以，当我们让双胞胎的心脏重新跳动之后，身体里的血液已经不能凝固了，因此导致血液不停地从伤口里流出来。

他们受过创伤的大脑迅速肿胀，尽管肿胀能够帮助堵住一部分还在流血的血管，但我们并不想让肿胀堵住所有的血管。

最可怕的时刻到来了，我们发觉剩余的血液储量可能不够了。罗杰斯打电话呼叫医院血库。

"我们很抱歉，但这是我们手头的所有血液了，"电话那头的声音说，"我们查过了，巴尔的摩市里再也没有任何地方有多余的血了。"

马克·罗杰斯刚向众人通报了情况，有人就说："如果需要，你可以抽我的血。"

　　手术室里，许多人自愿争着去捐血，尽管血型不合，但显示了团队成员崇高的精神境界。最终霍普金斯血库联系了美国红十字会，他们带来了10个单位的血液，正好是我们需要的数目。

　　手术结束时，双胞胎一共消耗了60个单位的血液，是他们自身血液量的几十倍。他们头上巨大的伤口足足有16英寸长。

　　手术进行的时候，团队里一直有人跟候诊室里的双胞胎父母保持联系。双胞胎的父母已经从酒店赶到了候诊室。同时还有工作人员确保我们能在手术间歇有东西吃。

　　我们决定立刻将杜佛瑞制作的钛丝网装在孩子颅骨的位置上，再将分离婴儿时从颅骨结合部取得的头骨研碎成膏状，涂在网上。只要放对了位置，婴儿的头骨就会迅速跟丝网长在一起，并包围住网孔，这样就不用再取出网丝了。

　　我们先要把他们的头皮合上，以免肿胀的大脑从颅骨里突出来。我们给婴儿们注射了巴比妥酸，以减少脑部的新陈代谢。之后，我跟龙退下，让杜佛瑞跟他的外科医生上前手术。最终，他们成功合上了其中一个孩子的头皮，另一个稍微有几处缺口。杜佛瑞还需要再另找时间安装钛合金骨架。

　　还有一个问题就是两个婴儿的头皮不够，于是我们只好暂时先用外科手术网缝上本杰明的颅骨。如果婴儿继续康复，杜佛瑞还需要准备第二场手术以制造出一个能接受的头骨。

　　只要婴儿能继续恢复。

第二十章　两个小兄弟——帕特里克和本杰明

他们是不是能康复，在手术的每一个阶段，这都是个根本问题。万一……"哦，上帝啊！"我默默地反复地祈祷着，"让他们活下去，让他们活下去！"

即使他们在手术中活下来，等到我们可以全面评估他们的状态，将是几周之后的事了。等待会是个持续的紧张状态，因为我们会不断寻找每一个恢复正常的征兆，同时又担心会发现脑损伤的迹象。

为了给他们遭受严重创伤的大脑一个恢复的机会，并且避免任何对长远的不良影响，我们用了苯巴比妥来对两个婴儿进行人工休眠。苯巴比妥大幅度地降低了他们大脑的新陈代谢活动。我们给他们用上了生命保障系统来控制血液的流动和呼吸。大脑的肿胀很严重，但是并没有比我们预想得更糟。我们通过测量心率和血压的变化，并定期进行CT扫描得到实时大脑三维X射线图像，间接监测肿胀的变化。

手术在周日的凌晨5：15结束，整整用了22个小时，但是这场战斗还没有结束。当我们的团队走出手术室，听到本院其他工作人员热烈的掌声时，罗杰斯面带笑容直接走向了特蕾莎·宾德，问她："你想先去看看哪一个孩子呢？"

她张嘴回应着，热泪盈眶。

* * * *

一旦我们开始了分离宾德双胞胎的计划，约翰·霍普金斯的公共关系办公室便通知了媒体，这是个前所未有的手术。尽管我们还不知道，但是早就有许多记者在等待室和走廊里。当然，他们没有一个人能进入到手术室中。即便他们想，也会被医院里的安保人员阻止在门外。一些电台会在每小时直播手术的最新进展。自然而然地，关于这场手术的报道吸引了无数社会公众的关注。不久后，我知道了许多关心手术进展的人都在那天放下了他们手头的工作，并为我们祈祷着手术的成功。

当我们走出手术室时，已经筋疲力尽，累得快要倒下了。在那时，我根本无法思考要如何回答人们关于手术的问题。罗杰斯将新闻发布会推迟到了下午，好给我们时间来洗一洗，休息一下。下午4点，当我们走进会议室时，我还是被这场手术的巨大影响力震撼到了。面前有数不清的记者拿着摄像机和麦克风。这也许看起来很奇怪，一个人往往很难理解自己所从事的工作的重要性——无论那是什么工作。

那个下午，手术后的几个小时内，我的注意力一直集中在帕特里克和本杰明身上。而我关注的最后一件事，才是媒体对这场历史性手术的关注。事实上，我都有些怀疑我们每个人是否都做好了思想准备，回应记者和回答他们提出的数不清的问题。站在那些媒体人面前，我们一定显得有点怪异——穿着皱皱巴巴的衣服，一脸疲惫地面对他们。我们虽然很累，但是也很高兴。我们成功地迈出了第一步，还是一大步。但这只是第一步，我们还有很长的路要走。

"这场手术的成功并不仅仅是分离了双胞胎，"马克·罗杰斯在新闻发布会一开始这样说道，"而是我们得到了两个正常的孩子。"

在罗杰斯回答问题的时候，我一直在想，我能加入这个伟大的团队成为其中的一员，是件多么值得感激的事情。5个月里我们一直是一个整体，所有的专家联合起来解决同一个问题。儿童加护病房（ICU）的工作人员和儿童中心的顾问们反应同样很积极，他们是我们的坚强后盾，投入大量时间，不求回报，保证了这场手术的成功。

听完罗杰斯解释的手术步骤后，我补充道："让我震惊的是在如此复杂的情况，我们合作无间，互相鼓励，这甚至超出了我们的想象。"

尽管其他人也回答了问题，但首席发言人马克·罗杰斯和我回答了大多数的提问。当记者问我关于孩子们的生存几率时，我告诉他们："双胞胎有50%的几率存活。手术程序经过反复推敲，按理说，应当有效。但是我也知道当你去做一件你从未做过的事，总会有许多意料不到的情况发生。"

一个记者举手问了一个关于婴儿视觉的问题："他们能不能看见？他们两个都能看见吗？"

"现在我们还不知道。"

"为什么？"

"第一，"我说，"双胞胎还太小，还不能亲口告诉我们！"我的确活跃了下气氛。"第二，"我继续说，"他们的神经系统受损，因此会延迟我们评估他们视力的时间。孩子们还不能看到事物或用他们的视线跟随事物。"

（第二天，全世界的头条新闻都是"手术致双胞胎失明"。我们从没有那样说过，也不曾暗示过这样的讯息，我们只是说我们不能断定。）

"但是他们能活下来吗？"一个记者问。

"他们能正常生活吗？"另一个记者问。

"现在全在上帝的手中了。"我说。我不知道除此之外还有什么可以说。当我走出那个拥挤的房间时，我意识到我说了一切必须要说的话。

虽说我对这手术的最终结果还是有点悲观，但我仍然对能和医学领域最好的人们一起工作而感到骄傲。手术的结束并没有结束我们的团队合作。术后护理和手术同样重要。术后几周的工作使我们的团结合作精神更加根深蒂固。从病房的医生到勤务人员、护士，每一个人都亲身经历了这个历史性的事件。我们是个团队———一个很棒的，伟大的团队。

帕特里克和本杰明又昏迷了10天。这意味着一周半的时间里没有人知道任何事情。他们仍处于昏迷状态吗？他们会不会醒了有正常的生命迹象呢？会有残疾吗？我们都在等待着、猜想着。也许我们大多数人并不太担心，只是在虔诚地为他们祈祷。

我们只是用常规手段来让他们昏迷，我们曾经用巴比妥麻醉剂麻醉一个人长达10天的时间。例如，在儿童有轻微的头部外伤的时候，需要昏迷状态来降低他颅内的血压。我们不断地观察那对双胞胎的生命体征。我们测试他们头皮皮瓣的硬度，刚开始很硬，后来渐渐软化了，这是好征兆，代表肿胀减退了。不久后这对双胞胎的症状开始好转，头内的肿胀开始渐渐恢复正常。我们会偶尔减少巴比妥类药物的剂量，然后我们看到他们有活动的迹象，我们都说："好了，他们能动了。"在这时候，我们太渴望能看到希望的迹象了。

"一切尽在上帝手中。"我说，然后提醒我自己，一直以来就是如此。

至少在接下来的一周里，我下班之后都惴惴不安，生怕接到这样的电话，说："卡森医生！双胞胎中其中一个的心脏停止了活动！我们正在进行心脏复苏！"我在家里也无法放松！因为我担心会有人给我打电话，然后他会告诉我一个消息，一个可怕的消息。这不是指我不相信上帝或者我们的医疗团队。我们只是作为医生，在一个未知的领域里面，知道并发症是无止境的。我总是害怕坏消息，但是我们非常幸运，它没有来。

在第二周中间的时候，我们决定唤醒他们。

"他们动了！"几个小时过后，我停下来检查的时候发现，

"看！他的左脚在动！看哪！"

"他们开始动了！"在我旁边的某个人说，"他们两个都会好的！"

我们高兴得不能自已，我们几乎像新生儿的父母，似乎要了解婴儿身上的每一寸肌肤，他们的每一个动作，包括一个哈欠或扭动脚趾都能成为我们庆祝的理由。

这是让我们许多人热泪盈眶的一刻。

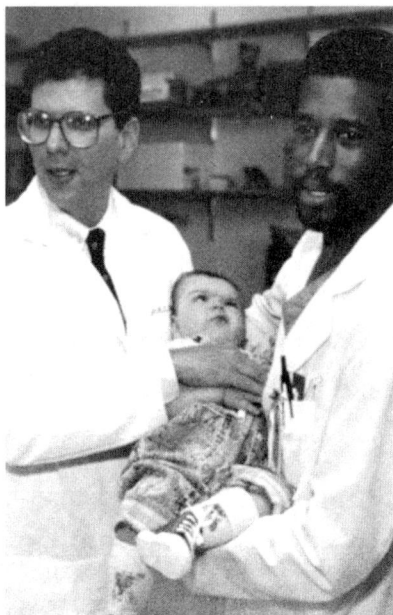

本·卡森和马克·罗杰斯医生抱着其中一个分离开的脑连体婴儿

同一天，当苯巴比妥的麻醉药效消失之后，两个男孩都睁开了眼睛并向四周望去。

"他能看了！他们都能看！"

"看！他在看着我！看！当我移动我的手时发生了什么。"

那些不知内情的人准以为我们疯了。5个月以来我们精心准备，努力工作，担心和忧虑。但是我们为此无比兴奋。在接下来的几天里，我会默默地问自己："这是真的吗？真的成功了？"我没想到他们能够活过24小时，而他们每天都康复得很好。"上帝啊！感谢您！非常感谢您！"我听到自己一遍又一遍地说，"我知道您一直在帮助我们渡过难关。"

我们在手术后也遭遇了一些紧急状况，但是这些状况都在短时间内被控制住了。儿科麻醉专家们负责儿科加护病房的工作。那些在手术中投入了大量时间的人们，也是在手术后照顾他们的人，所以他们能够了解全面的情况。

之后，关于他们神经功能的担忧开始浮现。他们能够做什么？他们能学会爬行吗？能学会走路吗？能正常的活动吗？

一周又一周，帕特里克和本杰明能做的事情开始变得越来越多，两人之间也有了更多的互动。帕特里克尤其突出的是学会了玩玩具，学会了身体滚来滚去，还用他的脚做出很多动作。但是，就在他回德国的大约三周前，帕特里克不幸地将食物吸进了自己的肺里。一位护士在他躺在床上的时候发现他停止了呼吸。她的反应很快，一支急救组来给帕特里克做复苏，但是没有人知道他窒息了多久，他身体已经开始发青了。在这之后，他变得不一样。

　　我们的遗憾是不言而喻的，我们知道这意味着他的大脑会受到某种损害，但是我们没法知道伤害有多严重。在缺氧的情况下，大脑连几秒都撑不过去。当这对双胞胎离开约翰·霍普金斯的时候，帕特里克尽管有过呼吸停止，但是他恢复得很快。本杰明仍然很好，尽管一开始时他的反应比较慢。他很快就可以做帕特里克停止呼吸前做的事情了，比如翻身。

　　很遗憾，由于他们的家长和《邦特》杂志签了合同，关于这对双胞胎离开约翰·霍普金斯后的进展我什么都写不了。我确实知道的是，这对曾经连体的可爱的双胞胎兄弟在1989年2月2日度过了他们的第二个生日。

第二十一章　本！本！快起来

凌晨两点，坎迪的声音，很近，很焦急，把我从沉睡中唤醒。"本！本！快起来。"

我躺着没动，只是把头更深地埋在枕头里，我太累了。前一天（1985年5月26日）我从早到晚都在教室里忙碌，因为我参与了一次名为"健康选择"的跑步活动，我和其他几位医生为跑1公里、5公里或10公里的人快速体检，登记个人健康简况。专家们同时发放健康生活和跑步锻炼的小册子。

孕期将满的坎迪也跑了1公里。现在她推着我说："我现在正在宫缩。"

我勉强睁开双眼："间隔时间多久？"

"两分钟。"

这句话让我一下子清醒过来。"快点穿衣！"我从床上一跃而起。我们离霍普金斯还有半个小时的车程。我们第一个儿子出生在澳大利亚，当时花了8个小时的时间分娩。我们想这一个孩子会来得比上一个快一点。

"疼痛在几分钟前刚开始。"她一边说，一边挣扎着下了床。走过房间的一半后，坎迪停住了，"本，疼痛又来了。"她的声音非常平淡，像是在谈论天气一样。

我不记得我回答了什么。我相当的平静，还在规规矩矩地穿衣服。

"我想宝宝快出生了，"坎迪说，"现在。"

"你确定吗？"我跳起来，抓住她的肩膀然后帮她躺回床上。我可以看到胎儿的头开始出来了。她安静地躺下，然后开始用力。我感觉非常好并且没有特别紧张。坎迪表现得像是一个熟练的产妇一样。我以前曾多次接生婴儿，虽然今天这个孩子是在如此仓促的环境下降临世间，但我还记得，当时我很庆幸自己有过接生的经历。

没过多久我成功地接生了宝宝。"一个男孩，"我说，"又是一个男孩！"

坎迪努力露出笑容，宫缩还在持续着。我等待着胎盘排出。我妈妈和我们待在一起，我对她喊："妈妈，把毛巾拿过来，打电话给911！"真不知道当时我的声音像不像遇到了4+紧急事件。

一拿到胎盘，我就说："我需要一个东西来夹脐带。我在哪里可以找到？"我的关注焦点是夹紧脐带，但是我不知道该用什么。

坎迪并没有回答我，她挣扎着下了床，相当平稳地走进浴室，马上拿回一个大发卡。我把它夹在脐带上。就在这时，我听到救护车来了。他们带着坎迪和我们的孩子——小本杰明·卡森，去了当地的医院。

后来我朋友开玩笑问："你收了接生费吗？"

*　*　*　*

"太忙了，"我第一百次告诉我自己，"有些事情必须改变了。"这句话我说过太多次，可是一直都是只说不做。

我知道这次是要有所行动了。

与在霍普金斯工作的其他人一样，我面临着一个很严重的时间分配问题：因为我在神经外科工作很忙。与自己经营诊所相比，在医学院附属的教学医院里工作需要花费更多的时间，面对更多的病人。"该怎么挤出足够的时间去陪伴我的家人？"我问自己。

不幸的是，神经外科的工作是无法预测的。我们永远不知道问题什么时候出现，而其中一些问题极为复杂，需要投入极大的时间。即便我只投身了临床的实践，我还是没有时间。更不用说还有持续的实验室研究、撰写论文、准备演讲、参与学术项目，近来我还对青年人做一些励志的谈话……我永远都没有足够的时间。这说明如果我不好好安排时间，我生活中的每一部分都会受影响。

有好几天我思考自己的时间表——什么是我非做不可的事，依我的价值观哪些事更重要以及哪些事我还可以少做一些。我喜欢自己做的每件事，但是我知道我不可能把每件事都做好。

首先，我认为我的家庭是最重要的，我能做的最重要的事是成为一个好丈夫和好爸爸。我会把周末的时间留给我的家人。

第二，我不会允许我的临床实践受到影响。我决定全力以赴去成为最好的临床神经外科医生，并且我会为患者的幸福做出最大的奉献。

第三，我想成为一个对年轻人有益的榜样。

虽然我认为这是一个正确的决定，但这个过程并不简单。这代表我要计划我的时间，放弃我喜欢做的一些事情，甚至是那些对我的职业发展有益的事。例如，我愿意多出版一些医学领域的书，分享我的所学，推进更深入的研究。公开演讲很有吸引力，多在全国性大会上演讲可以让我在未来有更多发展的机会。当然，那些机会也可以帮助我在学术级别上快速攀升。幸运的是，这些大部分都自然发生了，但若我在这方面投入更多时间，这些提升显然会来得更快。

我要花在教会的时间也很重要。现在我是斯潘塞维尔安息日教会的长老。我也是健康与节制主任，这意味着我要策划某些项目活动并与教会里其他医学工作者合作。例如，我们赞助一些像马拉松一样的活动，我负责此类活动的协调，以及对参加者的体验。我们的教派强调健康的重要，我在会众之中推销健康类杂志，像《充满活力的生活》和《健康》。我还在周六安息日学校教成人课，我们上课讨论基督教的教义以及宗教与我们日常生活的关联。

1985年，我的时间得到初步缓解。那时候我们非常忙，以至于必须要多请一名儿科神经外科医生。这位新来的医生分担了我的一些压力。聘用另外一个人是霍普金斯的一大步，因为自20世纪霍普金斯初创的时候起，儿科神经外科就是一个单人部门。即使是现在，有两位专家在职的部门也没有几个。在霍普金斯的儿科神经外科我们有三位专家，也许还需要增加儿科神经外科的研究员职位，因为我们有很多的患者，并且据我们预计，患者的人数会越来越多。

人员的增加并没有彻底解决我的困境。早在1988年，我就承认无论自己怎么努力，怎样高效，我都不可能完成工作，就算是在医院待到午夜也做不完。所以我做了决定，靠着上帝的帮助，我可以坚持下来。我会在晚上7点回家，最晚8点。这样我至少能在孩子们睡觉之前看到他们。

"我不能完成所有的事情，"我对坎迪说，她一直都非常支持我，"那是不可能的，总是会有更多的事要做，所以我决定在7点放下未完的工作而不是11点。"

我一直保持着那个时间表。我在晚上7：30时完成医院的工作，12个小时后我再回到办公室。这还是很长的一天，但一天工作11—12个小时对医生来说是很正常的，而工作14—17个小时则不是。

随着演讲的机会越来越多，出差的机会也多起来。当我需要远行的时候，我会带上我的家人。如果孩子们要上学，则不带他们出去。现在，无论什么时候我被邀请去演讲，我都会问是否给我的家人提供交通和住宿。

妈妈马上就要过来和我们住了，我们很期待，有时她可以在我和坎迪出门时照看我们的孩子。我越来越忙，因为有越来越多的人需要我的时间，但我认为我和坎迪最好还是多单独在一起。没有她支持我的生活，就没有我现在的成功。

* * * *

在我们结婚前我就告诉坎迪她可能会很少见到我。"我爱你，但我将成为一名医生，这意味着我会非常忙，还必须花很多时间去主动学习。如果你同意这些，我们就结婚吧。如果你不行，我们在一起就是一个错误。"

"我能应付得来。"她说。

我自私吗？我所说的与对将成为我妻子的女人的保证相悖了吗？大概两个问题的答案都是"是"吧，但我是认真的。

坎迪对我繁忙的工作节奏真的应付得来。也许是因为她对自己很有自信，很有把握。有了她的帮助，我能更好地处理工作上的事。

当我还是一个实习生和初级住院医生的时候，我很少能回家，因为我每周要工作100—120个小时。明显地，坎迪很少能见到我。我打电话给她，如果她有时间，她会过来把饭带给我。吃过后，我们会在她走之前一起待一会儿。

那时候，坎迪决定回学校。她说："本，我每天晚上都是自己在家，我要做点事。"坎迪的创造性很强，她很好地运用了这一点。在一个教会里，她组织了一个唱诗班，在另一个教会她参加了乐队。我们在澳大利亚时，她也组织了一个乐团和一个唱诗班。

现在我们有三个孩子。罗伊斯在1986年12月21日出生，这使我们变成五口之家。我在一个只有妈妈的单亲家庭里长大，所以，我不希望自己的孩子在看不见爸爸的环境中成长。我希望他们能认识一个活生生的父亲，而不是只在相册的照片上、杂志上或在电视上看到我。我的妻子，我的儿子——他们是我生命中最重要的部分。

第二十二章 大处着眼（THINK BIG）

坎迪和我有一个共同的梦想，一个尚未完成的梦想。我们的梦想是为那些拥有学术天分但却没有钱的年轻人创设一个全国性的奖学金。这个奖学金将会帮助他们在任何一个他们想加入的机构里完成学业。而现有的大部分慈善基金都要求符合某种政治倾向，或者要求有某些人脉，或是要找对欣赏你才华的重要人物。

我们梦想有一个唯才是举的奖学金计划。我们梦想能够看到那些有天赐才能并且应该有机会成功的年轻人不会因为没钱而丧失机会。

我非常希望能够做些什么来帮助这个梦想成为现实。

我用自己的生命去践行——大处着眼（THINK BIG)。在我的有生之年，我希望看到成千上万来自不同种族的人，凭借他们的才能和奉献精神能够升迁到他们应得的领导阶层。有梦想和肯奉献的人可以使他的梦想成为现实。

"使你成功的关键是什么？"那个梳着非洲式发型的青少年问道。

这不是一个新问题了。这个问题我听了太多遍，所以我最后给出了一个"离合词"①的答案。

"大处着眼。"我告诉他。

我会将每一个字母都分开，并一个一个解释它们的意义。

THINK BIG

T = TALENT（天赋）

学习认识并接纳你的天赐才能（我们每一个人都有的）。发展这些才能并用在你所选择的专业上。记得如果你能善用上帝给予你的才能，你将会在所在的领域中独占鳌头。

T - TIME（时间）

懂得时间的重要性。人们总是会信任守时的人。守时可以证明你的诚信。学会不浪费时间，因为时间是金钱，时间也是工作。善用时间也是一种天赐的能力。上帝让一些人天生拥有管理时间的能力。我们其余的人则必须学习怎样管理时间。而且我们一定能学会。

---

① 离合词：把每个英文字母拆开，横向用新的句子来表达一些观念，纵向也可以形成一个字或是单词。——译注

H = HOPE（希望）

不要整天愁眉苦脸的，期待不好的事情发生。心怀希望并善于看到好的事情。

H = HONESTY（诚实）

当你做了任何不诚实的事，你必须用其他不诚实的事来遮盖它，然后你的生活就会变得复杂无比。撒谎也是一样。如果你很诚实，你不需要记得你上次说了什么。说实话使生活无比简单。

I = INSIGHT（领悟）

向你所向往的专业领域的前辈学习，并仔细聆听。从他们的错误中获益而不是重蹈覆辙。读好书，好书能为你打开一个新的认知世界。

N = NICE（友善）

和蔼可亲地对待所有的人。如果你对别人好，他们也会对你好。对人好比对人坏用的精力更少。和蔼、友善和乐于助人都是举手之劳，并且可以纾解压力。

K = KNOWLEDGE（知识）

知识是独立生活的钥匙。是你所有梦想、希望和抱负的钥匙。如果你的知识渊博，特别是在某一个领域里有超于常人的知识，你就会成为无价之宝，并且可以掌握住你的未来。

B = BOOKS（读书）

　　我强调从阅读获得的积极学习，远比消极的，如通过听演讲或是看电视学习更有效益。当你阅读的时候，你的心脑必须认出那些字母并且把它们连接成单词。单词变成思想和观念。培养好的阅读习惯像是成为一个冠军级的举重运动员，冠军不是哪一天走入体育馆就开始举起500磅的重量的。他慢慢地增强他的肌肉，从轻量开始，一直向上加重，准备承受更多重量。智力的成就也是一样的。我们借着阅读、思考、自己解决问题来培养我们的心智。

I = INDEPENDENT LEARNING（独立学习）

　　肤浅的学习者很会考试，但是两周之后就不记得了。深度学习者能使他们所学的知识成为他们的一部分，从而逐步加深，他们把新学到的知识叠加在既有的认知上。

G = GOD（上帝）

　　永远不要觉得自己比上帝更伟大。永远不要把上帝从你的生活中丢弃。

通常在总结演讲时，我会对年轻人说，如果你能记住这些事情，如果你能学会往大处着眼，你就会心想事成，畅通无阻。

我对年轻人，特别是处于劣势的年轻人的关注，始于我为耶鲁大学招生的那个夏天，当我看到那些孩子的SAT成绩我心里很难过，因为只有少数的人接近1200分（满分是1600分）。这件事困扰着我。因为从我自己在底特律成长的经验，我知道这些成绩并不能反映出一个人的智能。我遇到过很多聪明的年轻人，他们学习领会得很快，然而，由于种种不同的原因，他们SAT的考试成绩却很不理想。

"这个社会有问题，"我不止一次地告诉坎迪，"这个制度阻止了这些人成功的机会。如果有正确的帮助和奖励，很多处于劣势的孩子们可能会成就惊人的结果。"

我对自己作了一个承诺，只要我有机会一定要鼓励年轻人。随着我渐渐成名并且开始有更多演讲的机会，我决定把教导孩子们设定目标和达成目标作为我常谈的主题。现在我得到很多的邀请，多到应接不暇，在不影响我的家人和我在霍普金斯的工作的前提之下，我将尽力为年轻人服务。

我对于美国年轻人这个话题有自己的感受。其中之一就是——我对于新闻媒体对在校生过分强调体育一事深感困扰。太多的孩子把他们的精力和时间都消耗在篮球场上，想要成为迈克尔·乔丹，或是棒球明星雷吉·杰克逊，或是美式足球球员辛普森。他们都想年入百万美元，但没有意识到其实没有几个人可以获得那样的收入。这样做的结果是浪费生命，一事无成。

当媒体不强调体育新闻时，他们就谈音乐。我常听到很多的乐团，很多很好的乐团，尽心尽力地在一个高度竞争的事业里拼搏，不知道只有万中之一的成名机会。与其把他们的时间和精力投入在体育和音乐上，这些孩子，这些聪明又有才能的年轻人，应该把他们的时间花在读书和自我提升上面，以保证他们将来成人的时候有一份事业。

我指责媒体继续误导青年，使他们沉浸在这些不切实际的梦想之中。我花了很多时间告诉大学新生，帮助他们认识到他们应当努力做最好的自己，这是他们对自己的家乡承担的义务。当我去学校和年轻人谈话的时候，我努力要让他们明白他们能做的事，让他们明白他们也能够有好的生活。我敦促他们去仿效各个领域的成功人士。对于成功的专业人士们，我说："带年轻人到你的家里，让他们看看你开的车子，让他们看到你有好的生活。帮助他们了解怎样才能获得好的生活。解释给他们听，除了体育和音乐，还有很多方式可以让生活充满意义。"

有很多年轻人幼稚得可怕。我听过很多年轻人说"我将来要做一个医生"或"一位律师"，或者是"公司的董事长"，但是他们没想过要达到这些职位，必须要做些什么准备。

我也向家长、老师和社区工作者呼吁，请他们专注在这些青少年的需要。这些孩子们必须学会如何改变他们的生活，他们需要帮助，否则事情永远不会变得更好。他们只会越来越糟糕。

这里有一个例子，在1988年5月底特律《新闻报》的周日副刊登载了一篇关于我的专题故事，一位男士在读了这篇文章之后写信给我。他是一位社会工作者，有一个13岁的儿子也想要成为社会工作者。然而，事情却不尽如人意，这个父亲被驱赶出住处，接着又失去了他的工作。他和他的儿子衣食无着。面对这样颠覆性的变化，他很郁闷，想要自杀。这时他拿起了底特律《新闻报》，读了那篇文章。他写道："你的故事改变了我的生活，带给我希望。你的例子激励了我，让我在今后的生活中继续努力，做最好的自己。我现在有一个新的工作，事情也开始好转。那篇文章改变了我的生活。"

我也收到了很多来自不同学校的一些学习不好的学生们写来的信。通过读我的故事，看到我在电视上，或是听我演讲，他们开始挑战自己，加倍努力。他们正在努力学习。要成为最好的自己。

一位单亲妈妈写信给我，她说她有两个孩子，一个想要做消防员，另一个想要做医生。她说他们都读了我的书也都受到启发。通过阅读我和我母亲帮助我转变人生的故事，她深受启发，决定回到学校读书。当她写信给我的时候，她已经被法学院录取了。她的孩子成绩也大有好转，孩子们学习很努力，这样的信令我感觉特别好。

在巴尔的摩郊区的老法院中学，他们成立了一个本·卡森俱乐部。要成为会员，学生们必须同意他们一周看的电视节目不可超过3个，并且他们每周至少读两本书。当我去拜访那个学校的时候，他们做了一件很特殊的事——会员们事先获得了关于我的生平资料，并举办了一个竞赛。他们设计了许多关于我的问题。在我拜访他们的时候，6位优胜者来到了台上，回答关于我的问题。我惊讶于他们对我深度的认识，同时也为了我的故事能触动到他们而感到惶恐。

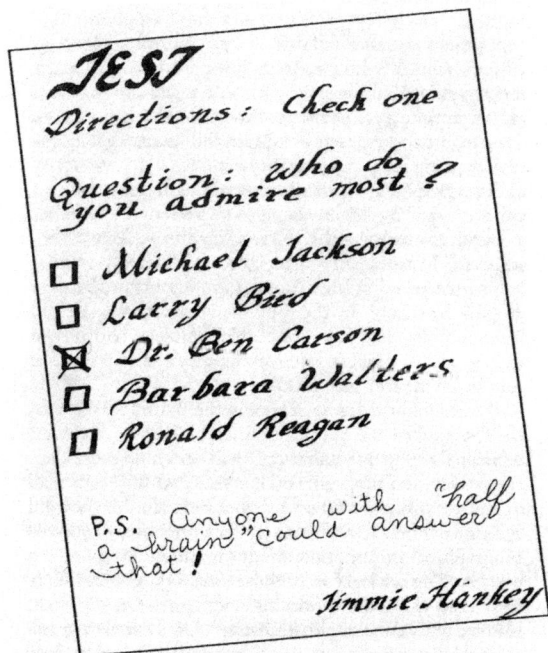

关于卡森生平资料的竞赛题

每到一处人们见到我都很激动。我不能完全理解，也觉得不太真实。但是我知道对这个国家的黑人而言，我代表着许多人生平没有见过的成就—— 一个在技术和科学领域上升到顶级的黑人。我被世人认可，不是运动明星或是演艺人员，而是我在学术和医学领域的成就。

1989年6月，安德鲁大学向本·卡森颁发荣誉博士学位

　　有些事虽然不常发生，但是它确实发生过，并不只是发生在我一个人的身上。例如，我的一个朋友弗雷德·威尔逊，他是底特律地区的一位黑人工程师，福特汽车公司全球排名前八名的高级工程师。他聪明绝顶并且有非常杰出的工作成绩，但甚少有知道他的成就。在公开场合中，我希望我能代表我，以及所有有成就的少数种族人士，表明少数种族的成就并不少。

　　我跟很多的学生谈到弗雷德·威尔逊和其他杰出的黑人，他们没有受到媒体的关注或没有知名度。当你在我这个领域又在约翰·霍普金斯工作，而且你还能在工作中做到最好，你是难以隐藏的。不论何时，我们当中有任何人作出杰出的事，媒体一发现就传开了。我认识很多优秀的人，他们在其他不大显眼的领域里工作，他们做了很多杰出的事，但是几乎没有人知道他们。

我的目标之一是要让青少年们认识这些才华横溢的人们，让他们能有多样的楷模。当年轻人有好的榜样时，他们可以改变自己，有更高的追求。另一个目标是鼓励年轻人对他们自己和他们的天赋才能有足够的认识。我们都有这些能力。生活的成功与否取决于我们是否认清并善用我们的"原材料"。

我是一个好的神经外科医生。这不是夸耀而是承认上帝给我的与生俱来的能力。从决心要使用我的恩赐妙手开始，继以刻苦实践，努力提高自身的技能。从大处着眼并且使用我们的天赋并不表示我们不会遇到困难，我们必定会遇到困难，每个人都会。如何看待这些难题决定了我们最终如何。如果我们选择把这些阻扰当作障碍，因此停止尝试，"我们无法战胜"我们呻吟着，那我们就赢不了。

然而，如果我们选择把这些阻扰看成跨栏，我们可以越过它们。成功的人们不是遇到的难题少，而是他们立志不让任何事情阻止前进的步伐。无论我们选择了什么方向，如果我们能够认识到我们越的每一个跨栏都使我们更强并为我们越过下一个跨栏作准备，那么我们就已经在走在成功的路上了！

小贴士：在美国怎样成为一名神经外科医生

Have you ever wondered how to become a neurosurgeon? We did some research to share with you all. Well, these are three steps that if followed and combined with hard work and a willingness to learn will lead to the field of neurosurgery in no time.

你有没有想过如何成为一个神经外科医生呢？我们做了一些研究和大家分享。这里我们列出了三个步骤。如果按照这三个步骤再加上努力工作和一个愿意学习的心态，很快就可以进入神经外科的领域了。

The first step is to get your education. While still in college you must get a bachelor degree and focus your class work on advanced biology, microbiology, and human anatomy. During this time it is suggested that you participate in job shadowing programs, volunteer for medical events, and learn a foreign language. After college take the Medical College Admissions Test and submit that to med schools. Once admitted to med school you must get an M.D. Then after taking the Medical Licensing Exam you move to the next part of your journey.

第一个步骤是教育。在大学里要获得一个学士学位并且专注于高级生物学、微生物学和人体解剖学领域。在这个时候最好能参加工作见习计划，在医疗活动中做志愿者，并学习一门外语。大学毕业之后参加医学院入学考试，申请医学院。一旦被录取进入医学院就可以获得医学博士学位，接着就要参加医疗执照考试了。

The second step in your journey to become a neurosurgeon is practicing. You will first spend 1 year as an intern. After internship you join the Neurosurgical Residency Program which takes 6–8 years. After total of 7–9 years you will be prepared to move onto the next step.

你成为神经外科医生的旅程的第二步是实习。首先你要花一年的时间实习。实习之后要进入神经外科住院医生6—8年的实习项目。总共在7—9年之后你就可以进入下一个步骤。

Now becoming a neurosurgeon is just a hop skip and a jump away. The only thing you still need to do is get licensed by the state you work in. Fill the application form and turn in all the related documents required. Once your application is accepted，then you will be a fully licensed neurosurgeon.

现在离成为一名神经外科医生近在眼前了。你唯一需要做的事就是向本州的医学委员会申请执照。把表格填好并按照要求交回所有需要的文件。一旦你的申请书被接纳，你就是一个可以开业的医生了。

I hope you now know how to become a neurosurgeon. If you just remember to follow these three steps and to THINK BIG you should become a top notch neurosurgeon.

　　我希望现在你知道如何成为一名神经科外科医生了。如果你记得按照这三个步骤去做，并且从大处着眼。你将会成为一名顶尖的神经外科医生。

黄泽群 Matthew　黄福群 Aaron Huang

译后记

　　翻译本·卡森的故事对我而言是人生旅程中一件特别有意义的事。第一次听到本·卡森的名字是在书店里，当时我正在寻找一本美国少数民族的名人传记。2013年送大女儿到波士顿念书，当时我先生请了两周的假陪我们一路开车，一切就绪之后他搭乘飞机先回去上班。我就带着三个孩子开车回加州。4899公里共计10天的路程，孩子们听故事、看传记和历史纪录片打发漫长的旅程。到了俄克拉荷马州，刚好经过一个书店，就进去找书。这时小儿子挑了本·卡森和林书豪的传记，本·卡森从此成为我们家里熟悉的名字。

　　2015年回中国时，有一次和出版界的两位朋友谈到励志书籍，本·卡森的故事马上浮现在我的脑海里。于是我们一起商议把这本励志的书通过什么样的翻译模式带给国内的孩子们。他们从自己多年参与出版和翻译项目的经验与我分享了一个颇具挑战性的建议——中学生，尤其是国际学校或出国留学的高中学生，他们已经具备了一定的语言能力，我们是否可以激励孩子们一同成为这本励志故事的翻译者？因为这些孩子才是这本书最重要的读者，没有比实践和亲历更好的学习。

于是我开始和长期合作的美国加州汇点中学（CCHS）联系，在学校校监、教务主任的大力支持下，最后组成了一支由该校中文部主任白晓佳女士精选的中国留学生和华裔学生团队。从2015年的11月开始筹划，到2016年3月份截稿。孩子们尽心尽力在课余时间把22章故事全部翻译完毕。这当中有很多艰深的医学名词、美国俚语，以及许多要深入理解文化的内容，对于同学们来说是很大的挑战。我在校对他们翻译稿件的时候，看得到同学们认真的付出，细心的查证，心里甚是感动。

在我们庆祝大功告成的午餐会上，孩子们提到很多感想——翻译中的难处，对许多美国俚语的理解和应用的学习等。我鼓励孩子们要精通中英文。他们有机会来到美国学习，英语能力会快速提高，但是，如果中文不保持就会退步。借着翻译的机会，他们不但可以学到新的知识，还可以锻炼自己中文的表达能力。看到孩子们认同的表情，我更觉得这个翻译的项目具有历史性的意义。我相信这个世界的未来将属于中英文都精通的人们，沟通不仅仅是字面的翻译，而是能够深入文化层面的翻译。

我自己在翻译期间，不但是把书看了好几遍，还买了广播故事，把整个故事反复听了许多遍。我们全家一起听本·卡森的故事，听到某些特别有感触的地方就停下来讨论。家中每个人都有不同的收获。

我发现这本书对为人父母者最大的帮助是让我们学习坚持去爱，在困境中不放弃。本·卡森面对人生挑战的忠告是——跃过这些生命中的跨栏，而不是把挑战看成一道越不过去的高墙，因此放弃不前。我又在他母亲的身上看到坚毅执着的母爱，虽然只有小学三年级的文化程度，凭着虔诚的信仰，她却有着睿智的远见，牺牲自己，也不放弃为她的儿子们争取一个光明的未来。她的人生座右铭"我尽力，上帝负责结果"是一种正面心态的"尽人事听天命"。从她身上我看到了学历不能决定一切。凭着信心，她用帮佣获得的收入，一手带大了两个优秀的男孩，让他们成为社会的英才。她自己在孩子成长之后也回到学校进修，最后还获得了室内设计的学位。由此而知，作为父母，我们的背景和经济条件都不是无法教育好孩子的借口。只要有心学习，在爱中坚持，以身作则，有智慧的引导你的孩子，他们将来一定能够成为社会的贡献者。

黄陈怡文

2016年3月31日

于美国加州圣地亚哥

译书感言

郑晓佳 加州汇点高中外语部主任

　　"晓佳，你还好吗？休息可好？今天开心吗？"当学校的主任这样问时，我预感到有什么事情要发生了。接下来我就成了这个译书项目的督导。开始我组织了12名学生的翻译小组准备3个月内完成《恩赐妙手：本·卡森的故事》的翻译工作。孩子经过无数次的讨论、催稿、批评以及鼓励，最后由9位同学完成了任务。如今本书即将出版，作为他们的老师，我感到欣慰。

　　十五六岁独自在海外读书实属不易。首先，语言就是一个难关。然而这些孩子除了应对学校的功课以外，愿意牺牲自己的休闲时间来阅读、查阅，然后翻译。同时，由于孩子们住在不同的寄宿家庭，我只能每隔一周利用学校的午餐时间和孩子一起讨论、分析。我们一边吃饭一边来翻译那些因文化差异而难于翻译的生活俚语，还有特殊的专业用语。我看到孩子们在完成这个项目的过程中所表现的努力、负责、合作以及彼此帮助的精神，这是十分可贵的品格。有人曾经说过："成绩好不一定能成功，但是品格好的人必定成功。"我相信孩子们因这个项目，他们已向成功迈出了重要的一步。

黄睿翔 Tony Huang

在翻译的过程中，我们遇到了很多困难，例如俚语或者一些专业名词，但我们都努力去克服了，无论结果怎样，这都成为我人生中的一段宝贵的经历。从这次的翻译工作中，我们学会了如何团队合作，增进了同学们的友情，同时也有助于拓展我们对外国文学类传记的了解。这本书会成为一盏灯，在人生旅途中为我们照亮前进的路。

单濂涛 Tony Shan

虽然之前自己有过翻译百科图书的经历，但翻译文学作品这是第一次。翻译对我来说，与其说是工作，更是学习。因为文学作品对翻译语言的要求更高，在这个过程中，自己的英语和中文的能力都得到了提高，同时，也巩固了写作能力。而协作这种工作模式让我明白了团队合作的重要性，首先管理好自己，不给队友添麻烦，不拖团队的后腿，然后尽可能地去帮助别人。总之，这本书很棒，这个翻译项目很棒，都令人受益匪浅。

周天韵 Katherine Zhou

这一次的翻译项目对我来讲是一次有意义的经历。翻译的工作需要我比以往更加认真谨慎地理解、斟酌每一个单词和文字，而在这其中我的中文和英文能力都得到很大的提升。此外，在细细品读本卡·森的人生经历的过程中，我也学习到不少美国独有的文化和为人处世的道理。这样的翻译、学习的机会十分难得，感谢学校和老师给予我这样的机会，让我能在翻译中学习到知识，得到进步和成长。

张箐松 James Zhang

开始翻译这本书的时候我和其他的人也许有一点不同，我的中文其实并不是很好，中文里面用的成语之类的词语我一般不会用。后来习惯了也就慢慢地加入了一些成语之类的表达方式。这一次最大的收获是帮助我中文水平的提高。

王立京 Jessica Wang

在没翻译之前，我想每天翻译一页很快就可以完成的。然而在翻译中，遇到了很多困难。许多专有名词、名字、从句很难翻译，找不到合适的中文表达。我一点点地查，再组织语言。很多次在做完作业后想直接睡觉，但还有没翻译的工作，只能再打开书。虽然有点困难，但是我从中学到了很多。了解到了中美的文化差异和当时种族歧视的严重性。感谢在这次翻译中帮助我们的所有人。

李王希 Henry Li

一直以中文水平为傲的我在翻译这本书时体会到了"吃力"二字的含义。作者对生命的价值观和态度的表达使得每一个字都

CCHS译者团队在讨论译文

要细细斟酌，才能体会到整篇文章的含义。翻译这本书对我来说不仅仅是一次前所未有的经历，更是对生命意义的一次思考。

张祎凡 Arvin Zhang

翻译真的是很不容易的工作，即使我只翻译了书的一部分，但是其中的工作已经压得我抬不起头了，尤其我们还都是学生。不过我的确通过翻译学到了很多，也是一次美妙的经历吧。

丁逸廷 Kevin Ding

翻译的过程虽然比较麻烦，但还是挺有意义的。我从中收获了许多宝贵的经验，增长了知识。对于现阶段的我们来说是一次不错的体验。

马晨曦 Joy Ma

在这一次的翻译过程中我学到了很多。比如，如何在没有语法错误的情况下英译汉，同时我还学到了很多学术性的词语。总之，很有收获。

（京权）图字：01-2016-4697

图书在版编目（CIP）数据

恩赐妙手：本·卡森的故事 / 〔美〕卡森，〔美〕墨菲著；
〔美〕黄陈怡文等译. —北京：作家出版社，2016.4

ISBN 978-7-5063-8908-2

Ⅰ. ①恩… Ⅱ. ①卡… ②墨… ③黄… Ⅲ. ①卡森—自传

Ⅳ. ①K837.126.2

中国版本图书馆CIP数据核字（2016）第090333号

Gifted Hands

Copyright © 1990 by Review and Herald ® Publishing Association

Published by arrangement with Zondervan, a division of HarperCollins Christian
Publishing, Inc., through The Artemis Agency.

恩赐妙手：本·卡森的故事

作　　者：〔美〕本·卡森　　〔美〕塞西尔·墨菲 / 著
译　　者：〔美〕黄陈怡文等
责任编辑：张　平
装帧设计：SDDoffice
出版发行：作家出版社
社　　址：北京农展馆南里10号　　邮　　编：100125
电话传真：86-10-65930756（出版发行部）
　　　　　86-10-65004079（总编室）
　　　　　86-10-65015116（邮购部）
E-mail：zuojia@zuojia.net.cn
http://www.haozuojia.com（作家在线）
印　　刷：北京毅峰迅捷印刷有限公司
成品尺寸：145×210
字　　数：150千
印　　张：8 .75
版　　次：2016年8月第1版
印　　次：2016年8月第1次印刷
ISBN 978-7-5063-8908-2
定　　价：35.00元

了如指掌